¡Ya verás! GOLD

Nivel 2

Workbook

Stephen J. Collins

Late, Boston College High School
Dorchester, MA

Douglas Morgenstern

Massachusetts Institute of Technology

~

Revised by
Greg Harris

Clay High School
South Bend, IN

Joe Wieczorek

Centennial High School
Ellicott City, MD

~

HH Heinle & Heinle Publishers

An International Thomson Publishing Company

ITP Boston, MA • 02116 • U.S.A.

TEXT PERMISSIONS

p. 15 "¿Quién es Saúl Lisazo?" *TV y novelas*, año XII, no. 21, Provenmexsa de CV; **p. 23** Museo del Prado; **p. 32** RENFE; **pp. 71** and **83** *Superteen*, no. 6, octubre 1989; **p. 102** *Michelin Red Guide España/Portugal*, 1995 edition, Pneu Michelin Services de Tourisme; **pp. 113** and **114** *Guía informativa de alojamientos hoteleros*, Junta de Castilla y León; **p. 119** Andrés Saiz, CIDEX; **p. 126** *ABC Edición Internacional*, 19/25 de septiembre de 1990; **p. 159** *Suplemento TV y video, Guía del Ocio*, 23–29 de octubre de 1990; **p. 165** *tv cine/ Fotogramas*, Comunicación y Publicaciones, S.A., octubre 1989; **p. 179** Ediciones Informatizadas, S.A./Secretaría General de Turismo de España; **pp. 184** and **198** *Guía de Madrid, Diario 16*, octubre 1989; **p. 204** adapted from the article "Cuatro muertos al volcar un autocar..." by José Carlos Carabias and Alvaro Martínez, *ABC Edición Internacional*, 19/25 de septiembre de 1990; **p. 229** *Salud Total*, Editorial América, S.A., XVI, 1990; **p. 234** *EFP/ OTC, SL*, diciembre 1990; **p. 239** "3.000 animales te esperan en zoo de la casa de campo," *casa de campo* brochure; **p. 243** La via alegre, Iberrail, *Comunicación*, Número uno; **p. 249** La semana, sports review from *El País*, 3 de abril de 1995; **p. 255** Kettal, bicycle advertisement from *El Corte Inglés;* **p. 273** "Arbitraje e infracciones," article on *Baloncesto*, Barcelona '92 and **p. 276** "Pelé sigue siendo el rey del fútbol," from *El País*.

Copyright © 1999 by Heinle & Heinle Publishers
An International Thomson Publishing Company

Manufactured in the United States of America.

ISBN 0-8384-0905-9

10 9 8 7 6 5 4 3 2

CONTENTS

¡Ya verás! *Gold* and *Atajo* Writing Assistant

Throughout the workbook, you will see the computer disk icon for the *Atajo* Writing Assistant next to certain activities. Available in Windows and Macintosh versions, *Atajo* is a software program that acts as a tutor for developing your writing skills in Spanish. It combines a powerful word processor with databases of language reference materials. As you write and edit your work in one on-screen window, you can call up other windows to help you with your work. Here is a list of the help you can get at the click of a button:

- A Spanish-English/English-Spanish dictionary of 10,000 entries
- Recordings of the dictionary entries and examples of how to use them correctly
- A Spanish spell-checker
- A conjugator of over 500,000 verb forms
- A reference grammar
- Lists of "how to" phrases such as agreeing, inviting, and congratulating
- Lists of vocabulary by topic like clothing, food, and musical instruments

¿QUIÉN SOY YO?

PRIMERA ETAPA
Tarjetas de vocabulario

Para hablar de tu origen y tu nacionalidad

Yo soy de… (ciudad o país).
Yo soy alemán (alemana).
      americano(a).
      chino(a).
      español(a).
      francés (francesa).
      inglés (inglesa).
      italiano(a).
      japonés (japonesa).
      mexicano(a).
      ruso(a).
Yo soy de origen alemán (español, americano, mexicano, argentino, etc.).

Para identificarte

Yo me llamo…
Mi nombre (apellido) es…

Para indicar dónde vives

Yo vivo en… (ciudad o país).
Yo vivo en un apartamento.
      una casa.

Para hablar de tus actividades

Me gusta (mucho) bailar.
      cantar.
      comprar discos compactos.
      dar un paseo.
      ir de compras.
      mirar la televisión.
      nadar.
      pasar tiempo con mis amigos.
      tocar la flauta.
            la guitarra.
            el piano.
            la trompeta.
            el violín.
      trabajar.

No me gusta aprender español.
      asistir a la escuela.
            a un concierto.
      correr.
      descansar.
      esquiar.
      estudiar.
      leer.
      viajar.

También me gusta el arte.
      la escultura.
      la historia.
      el jazz.
      la literatura.
      la música clásica.
      la naturaleza.
      la pintura.
      la política.
      el rock.
      el teatro.

No me gustan los animales.
      las ciencias.
      los deportes.
      las lenguas.
      las matemáticas.
      las películas.

Para saludar

Buenos días, señor (señora, señorita).
¡Hola!
¿Cómo está? (¿Cómo estás?)

¿Qué tal?
Muy bien, gracias. ¿Y Ud.? (¿Y tú?)

A. **Me llamo…** Write a short paragraph introducing yourself. Include answers to the following questions: **¿Cómo te llamas? ¿Cuántos años tienes? ¿Cuál es tu nacionalidad? ¿Dónde vives? ¿Con quién? ¿Qué te gusta hacer?** (If you would like a model, see the paragraphs on page 2 of your textbook.)

ATAJO

_____

_____

_____

_____

_____

_____

_____

_____

_____

_____

Repaso

Regular verbs ending in **-ar, -er,** and **-ir** (present tense)

	hablar	**correr**	**escribir**
yo	hablo	corro	escribo
tú	hablas	corres	escribes
él ella Ud.	habla	corre	escribe
nosotros(as)	hablamos	corremos	escribimos
vosotros(as)	habláis	corréis	escribís
ellos ellas Uds.	hablan	corren	escriben

B. **Los otros y yo** Use the suggested verbs to complete the following sentences about what other people do. Then indicate whether you personally (**yo**) or you and your family or friends (**nosotros**) do similar things or not. Use the cues provided. Finally, ask a friend (**tú**) if he or she does the same. Follow the model.

Suggested verbs: ~~hablar, tocar, mirar,~~ trabajar, ~~viajar,~~ estudiar, ~~beber,~~ leer, ~~vivir,~~ asistir, ~~escribir~~

MODELO: Francisco __lee__ el periódico todos los días.

   Yo *(no) leo el periódico todos los días.*

   ¿Lees el periódico todos los días?

   o Nosotros *(no) leemos el periódico todos los días.*

   ¿Lees el periódico todos los días?

1. Los españoles __miran__ mucho la televisión.

   Nosotros *no miramos mucho la televisón.*

   ¿Miras mucho la televisión.

2. Marisol __asiste__ a la universidad.

   Yo *no asisto a la universidad.*

   ¿Asistes a la universidad?

3. Mis amigos __hablan__ español muy bien.

   Yo *no hablo español muy bien.*

   ¿Hablas español muy bien?

4. Los Suárez __viajan__ al Caribe todos los años.

   Nosotros *viajamos al Caribe todos los años.*

   ¿Viajas al Caribe todos los años?

5. Ángela __toca__ la guitarra.

   Yo *no toco la guitarra.*

   ¿Tocas la guitarra?

6. Los Capellán __viven__ en un apartamento.

   Nosotros *no vivemos en un apartamento.*

   ¿Vives en un apartamento.

7. Los niños ___beben___ mucha leche.

Yo ___no bebo mucha leche.___

___¿Bebes mucha leche?___

8. Alejandro ___estudia___ las matemáticas en el colegio.

Yo ___no estudio las matemáticas en el colegio.___

___¿Estudias las matemáticas en el colegio?___

9. La doctora Corral ___trabaja___ en un hospital.

Yo ___trabajo en un hospital.___

___¿Trabajas en un hospital?___

10. Pedro y Ana ___escriben___ muchas composiciones en clase.

Nosotros ___no escribimos muchas composiciones en clase___

___¿Escribes muchas composiciones en clase?___

C. **Unas preguntas personales** Your cousin from Puerto Rico is visiting you and wants to find out about your school and the students in your class. Answer her questions.

MODELO: ¿Leen los alumnos muchas novelas en la clase de inglés?

___Sí, leen muchas novelas en la clase de inglés.___

o ___No, no leen muchas novelas en la clase de inglés.___

1. ¿Viven los alumnos cerca o lejos de la escuela? _____

_____

2. ¿Escribes composiciones en la clase de español? ___No, ~~nosotros~~ no___

___escribimos composiciones en la clase de español.___

3. ¿Comen Uds. en la cafetería? ___Sí, comen en la cafetería.___

_____

4. ¿Viajan los alumnos durante las vacaciones? _____

_____

5. ¿Tomas el autobús a la escuela? _No, no tomo el autobús a la escuela._

6. ¿Asistes a la clase de arte todos los días? _Sí, asisto a la clase de arte todos los días._

7. ¿Bailas bien? _Sí, bailo bien._

8. ¿Miran Uds. la tele mucho? _Sí, miramos la tele mucho._

9. ¿Estudian Uds. mucho? _No, e no estudiamos mucho._

Repaso

Gustar with infinitives and nouns

Use **gusta** with infinitives.

Me gust**a** bailar.
¿Te gust**a** correr?
A Pedro le gust**a** cantar.
Nos gust**a** escuchar música.

Use **gusta** with singular nouns.

Me gust**a** la historia.
¿Te gust**a** la física?
A Luisa le gust**a** el fútbol.
Nos gust**a** la clase.

Use **gustan** with plural nouns.

Me gust**an** los conciertos.
¿Te gust**an** los deportes?
A Luisa le gust**an** los deportes.
Nos gust**an** los animales.

D. **Las preferencias** A new friend has just moved to your town, and you want to tell her what different people like and don't like. Use the cues provided. Also ask her if she likes the first item or activity that you mention in each case. Follow the model.

MODELO: yo / tocar el violín / los conciertos

Me gusta tocar el violín, pero no me gustan los conciertos. ¿Te gusta tocar el violín?

1. Raquel / la música / los deportes

Raquel le gusta la música, pero no le gustan los deportes. ¿Te gusta la música?

2. los chicos / bailar / cantar

Los chicos les gusta bailar, pero no les gusta sing. ¿Te gusta bailar?

3. Tomás / el béisbol / correr

Tomás le gusta el béisbol, pero no le gusta correr. ¿Te gusta el béisbol?

4. yo / las ciencias / la historia

Me gustan las ciencias, pero no me gusta la historia. ¿Te gustan las ciencias?

5. nosotros / comer en un restaurante / la cafetería

Nos gusta comer en un restaurante, pero no nos gusta la cafetería. ¿Te gusta comer en un restaurante?

6. yo / leer / la televisión

Me gusta leer, pero no me gusta la televisión. ¿Te gusta leer?

Repaso

The verb **ser** (present tense)

yo	**soy**	nosotros(as)	**somos**
tú	**eres**	vosotros(as)	**sois**
él		ellos	
ella }	**es**	ellas }	**son**
Ud.		Uds.	

When **ser** is followed by an adjective (such as a description of nationality), the adjective must agree in number and gender with the subject of **ser**.

> Ella es **mexicana;** él es **mexicano.**
> Ellos son **norteamericanos;** ellas son **norteamericanas.**
> Yo soy **española;** nosotros somos **españoles.**

Ser + de can be used to express origin.

> Él **es de** Venezuela, pero ella **es de** Costa Rica.

E. **Las camisetas** On the first evening of an international meeting of young people, everyone has been asked to wear a T-shirt that will suggest his or her nationality *without naming it.* A contest is held to see who can identify the most nationalities. Bonus points are added for suggesting a city in each country. Based on the drawings, fill out your entry blank. Follow the model.

MODELO: *Ella es mexicana.*

¿Es de Taxco?

1. _____

_____

2. _____

_____

3. _____

_____

4. _____

_____

5. _____

_____

6. _____

_____

7. _____

_____

8. _____

_____

SEGUNDA ETAPA

Tarjetas de vocabulario

Para hablar de tu edad

¿Cuántos años tienes?
Yo tengo… años.

Para hablar de tu familia

Yo soy de una familia pequeña.
               grande.
               tradicional.
Yo no soy de una familia tradicional.
Yo soy hijo(a) único(a).

Yo tengo padre.
       madre.
       un padrastro.
       una madrastra.
       un hermano.
       una hermana.

Del lado de mi padre (mi madre), yo tengo un abuelo.
                              una abuela.
                              un tío.
                              una tía.
                              un primo.
                              una prima.

Mi padre (mi madre) se llama…
Mi hermano(a) está casado(a).
                divorciado(a).
Mi abuelo(a) (no) está muerto(a).
Mi tío y mi tía tienen una hija.
                       un hijo.
               no tienen hijos.

Para hablar de tus posesiones

Cuando voy a la escuela, llevo un bolígrafo.
                           un borrador.
                           una cartera.
                           un cuaderno.
                           una calculadora.
                           un lápiz.

un libro.
una llave.
una mochila.
un portafolio.
un sacapuntas.

En mi cuarto, yo tengo una alfombra.
                   una cama.
                   una cinta.
                   una cómoda.
                   una computadora.

un disco compacto.
un escritorio.
un estéreo.
una grabadora.
una máquina de
   escribir.

una planta.
un póster.
un radio despertador.
una silla.
un televisor.
un vídeo.

Voy al centro en coche.
           en bicicleta.
           en motocicleta.

F. **Mi familia** Write a paragraph about your family. Discuss the following topics: family members' ages and what they do (work? go to school?), transportation (cars? bikes? other?), and possessions (pets? TV? VCR?). (If you would like a model, see the paragraphs on page 12 of your textbook.)

_____

_____

_____

_____

_____

_____

_____

_____

_____

Repaso

The verb **tener** (present tense)

yo	**tengo**	nosotros(as)	**tenemos**
tú	**tienes**	vosotros(as)	**tenéis**
él		ellos	
ella }	**tiene**	ellas }	**tienen**
Ud.		Uds.	

G. **¿Tenemos todo para la fiesta?** You and your friends are planning a party and want to make sure that you have everything ready. Indicate who has what by completing the sentences with the appropriate forms of **tener**.

1. Mi primo _____ los discos compactos.

2. Marta y Alejandra _____ la comida.

3. Yo _____ los pósters.

4. Jacinto, tú _____ los refrescos, ¿verdad?

5. Rosa y Paco, ¿ _____ Uds. un estéreo?

6. Tomás _____ las invitaciones.

7. Yo _____ los platos (*plates*) y las servilletas (*napkins*).

8. Pues, nosotros _____ todo.

H. **¿Tienen o no tienen?** Tell what each of the following people possesses and does not possess. Write two sentences for each person and mention at least two items in each of those sentences.

MODELO: tu padre

Mi padre tiene un coche y una

computadora.

1. yo

_____

_____

2. mi familia y yo

_____

_____

3. mis amigos

_____

_____

4. mi madre

_____

_____

Repaso

Possessive adjectives

Possessive adjectives in Spanish agree in number and gender with the *object possessed*. The forms of the possessive adjectives are:

Subject	Possessive adjective	English equivalent
yo	**mi, mis**	*my*
tú	**tu, tus**	*your*
él, ella, Ud.	**su, sus**	*his, her, your*
nosotros(as)	**nuestro, nuestra** **nuestros, nuestras**	*our*
vosotros(as)	**vuestro, vuestra** **vuestros, vuestras**	*your*
ellos, ellas, Uds.	**su, sus**	*their, your*

I. **Las posesiones** Complete the sentences with the appropriate possessive adjectives. The names and pronouns in parentheses indicate the possessors.

1. (Jorge) Allí está _____ calculadora, pero ¿dónde están _____

    libro de matemáticas y _____ cuadernos?

2. (tú) ¿Tienes _____ coche? ¿Y _____ llaves? ¿Y _____

    cartera?

3. (Felipe y Corazón) _____ abuelos viven en El Paso. _____ padre

    vive en El Paso también y _____ madre vive en San Antonio.

4. (Bárbara) A Bárbara le gustan _____ discos compactos y _____

    grabadora, pero no le gusta _____ estéreo.

5. (Uds.) Allí está _____ profesor. Él tiene _____ lápices y

    _____ libros.

6. (yo) Escucho _____ cintas y miro _____ pósters sobre

    _____ escritorio.

7. (nosotros) ¿Dónde está _____ cámara? ¿Y _____ bicicletas?

J. **Tres familias** In each of the following sentences, the speaker wants to verify information about the three families shown. Refer to the drawings to answer the questions and to correct the speaker's false statements. Use possessive adjectives in your response. Follow the model.

MODELO: La casa de Elena tiene dos pisos *(floors)*.

No. Su casa tiene tres pisos.

padres

Elena

Reina

1. Domingo, tu casa tiene dos pisos, ¿verdad?

   _____

2. Fernando y Carlos, sus padres van al cine, ¿verdad?

   _____

3. El perro de Fernando y Carlos se llama Duque.

   _____

4. Los padres de Domingo trabajan en el jardín (garden).

   _____

5. La perra de Domingo se llama Reina.

   _____

6. Elena, tus padres van al cine, ¿verdad?

   _____

Repaso

cuántas	**¿Cuántas** muchachas hay en la clase?
cuántos	**¿Cuántos** libros hay en la mesa?
dónde	**¿Dónde** vive tu amigo?
por qué	**¿Por qué** comes pizza?
qué	**¿Qué** estudias?
quién	**¿Quién** vive en la casa blanca?

K. **¿Tienes preguntas?** One of your favorite movie stars or recording artists is giving a talk at your school. He or she has agreed to be interviewed afterward, and you have been chosen to be one of the questioners. Write eight questions that you would like to ask. You may use some yes / no questions, but you must include at least one question for each of the following question words: **dónde, cuántos, cuántas, quién, qué,** and **por qué.**

La persona a quien vas a hacer las preguntas: _____

1. _____

2. _____

3. _____

4. _____

5. _____

6. _____

7. _____

8. _____

Lectura: ¿Quién es Saúl Lisazo?

L. Read the following article from the Mexican magazine *TV y novelas*. Then answer the questions that follow.

¿QUIÉN ES SAÚL LISAZO?

UN COMERCIAL LO HIZO FAMOSO; HOY LO LANZAN COMO ACTOR.

Jugador de fútbol, modelo, actor y hombre apuesto. Su presencia en los foros hace pensar a muchos que Saúl tiene todo para llegar a ser una figura.

Saúl Gustavo Lisazo Oscoiti nació el 1 de junio de 1955 en Argentina. Sus padres, Saúl José y Araceli, procrearon cinco hijos: Saúl, Araceli, María Fernanda, Danina y Mauricio.

Saúl mide 1.85 y pesa 75 kilos. Estudió para profesor de educación física, aunque siem-

pre quiso ser jugador de fútbol, profesión que ejerció con mucho éxito.

"Cuando tenía 18 años debuté como futbolista; mi posición era de delantero. Estuve en varios equipos a nivel profesional, como fueron el Atlanta en Argentina; Juventus de Brasil (sic); en el Beveren y el Malinas, en Bélgica. Ahora juego a beneficio de la gente necesitada, con los veteranos del Real Madrid".

MODELO POR ACCIDENTE

Contrariamente a lo que podríamos pensar, Saúl es un hombre tímido; inclusive es reacio a las fotos; aún así se inició en el modelaje, actividad que no compartió con su

profesión futbolística.

"Mi carrera como modelo es un mero accidente. Me he criado en el deporte; mi papá fue jugador de fútbol y desde niño quise seguir sus pasos; esa fue la razón por la que dejé mi pueblo y me fui a Buenos Aires a estudiar la carrera de profesor de educación física. He jugado en varios países, Argentina, Brasil, Bélgica y por un problema de contrato, me fui a España; en ese tiempo conocí a una chica que me conectó con el modelaje: un poco por el ego, otro poco por las circunstancias, dejé el deporte cuando vi que tenía facilidad para trabajar frente a las cámaras".

1. Where was Saúl born?

_____

2. How many brothers and sisters does he have?

_____

3. In centimeters and kilograms, how tall is Saúl and how much does he weigh?

_____

4. What profession did he study for?

_____

5. What sport was he most interested in?

_____

6. For what charitable cause and with whom does Saúl play that sport now?

_____

7. How does the article describe his personality?

_____

_____

_____

8. What is Saúl's career now?

_____

CAPÍTULO PRELIMINAR B

¿ADÓNDE VAMOS?

PRIMERA ETAPA

Tarjetas de vocabulario

Para hablar de tu ciudad

Mi ciudad es (muy, bastante) grande.
                           pequeña.
Está situada en el norte de los Estados Unidos.
            el sur
            el oeste
            el este
            el centro

En mi ciudad hay	un aeropuerto.	un hospital.
	un banco.	un hotel.
	una biblioteca.	una librería.
	una catedral.	un museo.
	una discoteca.	un parque.
	una escuela.	un restaurante.
	una farmacia.	un estadio.
	una iglesia.	un teatro.
		una universidad.

Para localizar

Está al final de…
      al lado de…
      cerca de…
      delante de…
      detrás de…
      en…
      en frente de…
      en la esquina de… y…
      entre… y…
      lejos de…

Para indicar adónde vas

Yo voy a (al, a la)… frecuentemente.
                     rara vez.
                     de vez en cuando.
A veces voy a (al, a la)…
Nunca

A. **Mi ciudad** *(city)* Write a short paragraph about the city or town where you live. Include answers to the following questions: **¿Es una ciudad grande o pequeña? ¿Cuántos habitantes tiene aproximadamente? ¿Está cerca de otras ciudades? ¿Qué lugares o edificios son los más famosos?** (If you would like a model, see page 19 of your textbook.)

_____

_____

_____

_____

_____

_____

_____

Repaso

The verb **ir** (present tense)

yo	**voy**	nosotros(as)	**vamos**
tú	**vas**	vosotros(as)	**vais**
él		ellos	
ella }	**va**	ellas }	**van**
Ud.		Uds.	

B. **¿Adónde van?** Lorenzo explains where his friends and family are going for winter break. Then he asks other people about their plans. Complete the sentences with the appropriate forms of the verb **ir.**

1. Mi hermano _____ a Acapulco.

2. Mis hermanas _____ a Cozumel.

3. Mis padres y yo, nosotros _____ al Caribe.

4. Y tú, Alicia, ¿adónde _____?

5. Yo _____ a Cancún.

6. Y Uds., ¿adónde _____?

C. **¿Cuándo van?** Lorenzo now wishes to explain where his friends and family generally go when they go away. Then he asks other people about their plans. Complete the sentences with the appropiate form of the verb **ir.**

1. Mis tíos siempre _____ a México.

2. Mi abuela raras veces _____ a Puerto Rico.

3. Nosotros _____ a Isla Mujeres de vez en cuando.

4. Y tú, Mariluz, ¿adónde _____ a veces?

5. Yo nunca _____ a Mérida.

6. Y Uds., ¿adónde _____ frecuentemente?

D. **¿Cuándo vamos?** Tell how frequently the following people go to the places indicated, using the cues and expressions provided. Follow the models.

Possible expressions: **siempre, todos los días, frecuentemente, de vez en cuando, a veces, raramente, nunca**

MODELOS: tu profesor de español / la escuela

Mi profesor de español va a la escuela siempre (todos los días).

tu abuelo / la discoteca

Mi abuelo nunca va a la discoteca.

o *Mi abuelo va a la discoteca de vez en cuando.*

1. tu madre / la universidad

_____

2. tu hermano(a) / la biblioteca

_____

3. tu padre / la oficina

_____

4. tu amigo / la farmacia

_____

5. tú / un restaurante

_____

Repaso

The preposition **a** + the definite article

a + el = al

There is no contraction between **a** and the articles **la, los,** and **las.**

E. **En nuestra ciudad** Using the suggested places and activities, write sentences telling where the people go and what they do there. Use each activity and place only once.

Places: **la escuela, el supermercado, la librería, el restaurante, el estadio, el banco, la farmacia, el cine, el museo**

Activities: **jugar al fútbol, comprar medicina, estudiar, comer, hacer las compras, mirar las obras** *(works)* **de arte, comprar unos libros, cambiar dinero, ver una película**

MODELO: mi abuela

Mi abuela va a la farmacia a comprar medicinas.

1. mi hermano

_____

2. mi madre

_____

3. los Sres. García

_____

4. nosotros

_____

5. tú

_____

6. mi abuelo

_____

7. yo

_____

8. Uds.

_____

Repaso

The immediate future

The verb **ir** is used with **a** and an infinitive to indicate the immediate future — that is, what is and is not going to happen soon:

Esta noche yo **voy a estudiar** con Diego.

Mis padres **no van a ver** una película mañana.

El domingo Maribel **va a asistir** a un concierto.

F. **El año próximo** Teresa and you are talking about your classmates. Each time you mention what someone is doing this year, Teresa tells you what that person *is going to do* next year. Use the expressions in parentheses to recreate Teresa's statements.

MODELO: Esteban está en la escuela. (en el colegio)

El año próximo él va a estar en el colegio.

1. Javier va al Colegio Santa María del Mar. (a la Universidad de Salamanca)

   _____

2. Alberto estudia el francés. (alemán)

   _____

3. Nosotros leemos la literatura española. (la literatura latinoamericana)

   _____

4. Mis primos están en el colegio. (en la universidad).

   _____

5. Nuria estudia mucho. (viajar)

   _____

6. Sonia y Cristina aprenden a tocar el piano. (la flauta)

   _____

7. Mi hermana trabaja dos horas cada noche. (tres horas)

   _____

8. Tú corres cinco kilómetros todos los días. (ocho kilómetros)

   _____

Repaso

The verb **estar**

yo	**estoy**	nosotros(as)	**estamos**
tú	**estás**	vosotros(as)	**estáis**
él		ellos	
ella }	**está**	ellas }	**están**
Ud.		Uds.	

The verb **estar** is used in Spanish to express location.

G. **¿Dónde están?** Your cousin Emilita is visiting your city and is calling you because she is lost. Help her find out where she is and how to go from there to other places. Complete the following sentences with the appropriate form of **estar.**

1. Yo _____ en la calle Bérgamo.

2. Tú _____ muy cerca del hospital.

3. Sí, el hospital _____ enfrente.

4. El museo de arte _____ a la derecha del parque.

5. El banco _____ al otro extremo de la calle.

6. La oficina de mi papá _____ en la Calle Sevillano.

7. El Banco Nacional _____ detrás de la catedral.

8. Las estaciones de trenes _____ bastante lejos de allí.

9. Tú _____ delante de una tienda de ropa, ¿verdad?

10. Mis hermanos _____ en el centro, en el Café Florín.

Repaso

The preposition **de** + the definite article

    de + el = del

There is no contraction between **de** and the articles **la, los,** and **las.**

H. **Museo del Prado: Los salones de exposición** The Museo del Prado in Madrid is one of the world's great art museums. Study the following map of the **planta principal** (main floor) and the **planta baja** (lower level) of the **Edificio de Villanueva** of the Prado. Then use appropriate *prepositions of place* to explain the relationship between each set of exhibitions or places indicated on the next page. The numbers in parentheses represent their location on the map. Follow the model.

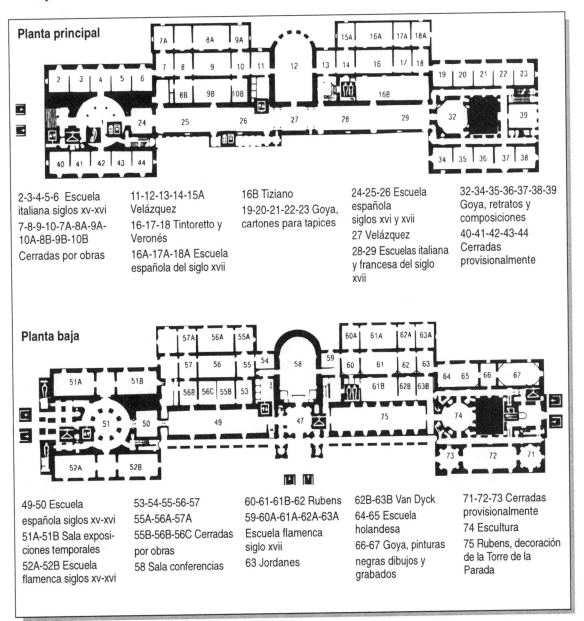

Planta principal

2-3-4-5-6 Escuela italiana siglos xv-xvi
7-8-9-10-7A-8A-9A-10A-8B-9B-10B Cerradas por obras

11-12-13-14-15A Velázquez
16-17-18 Tintoretto y Veronés
16A-17A-18A Escuela española del siglo xvii

16B Tiziano
19-20-21-22-23 Goya, cartones para tapices

24-25-26 Escuela española siglos xvi y xvii
27 Velázquez
28-29 Escuelas italiana y francesa del siglo xvii

32-34-35-36-37-38-39 Goya, retratos y composiciones
40-41-42-43-44 Cerradas provisionalmente

Planta baja

49-50 Escuela española siglos xv-xvi
51A-51B Sala exposiciones temporales
52A-52B Escuela flamenca siglos xv-xvi

53-54-55-56-57
55A-56A-57A
55B-56B-56C Cerradas por obras
58 Sala conferencias

60-61-61B-62 Rubens
59-60A-61A-62A-63A Escuela flamenca siglo xvii
63 Jordanes

62B-63B Van Dyck
64-65 Escuela holandesa
66-67 Goya, pinturas negras dibujos y grabados

71-72-73 Cerradas provisionalmente
74 Escultura
75 Rubens, decoración de la Torre de la Parada

Prepositions of place: **al final de, a la derecha de, a la izquierda de, al lado de, cerca de, debajo de, delante de, detrás de, en frente de, en la esquina de… y…, encima de, lejos de, entre… y…, en**

MODELO: Velázquez (27) / las escuelas italiana y francesa del siglo xvii (28–29)

Velázquez está cerca de las escuelas italiana y francesa.

Velázquez está a la izquierda de las escuelas italiana y francesa.

o *Velázquez está al lado de las escuelas italiana y francesa.*

1. Rubens (62) / Van Dyck (62B)

_____

2. la escuela holandesa (65) / la escuela flamenca, siglos xv–xvi (52A)

_____

3. escultura (74) / Goya, retratos y composiciones (32)

_____

4. Tintoretto y Veronés (16) / Rubens (61)

_____

5. la escuela española, siglos xvi y xvii (26) / Velázquez (27)

_____

6. Tiziano (16B) / Tintoretto y Veronés (16)

_____

7. la entrada principal (47) / la escuela española, siglos xv y xvi (49) y Rubens, decoración de la Torre de la Parada (75)

_____

SEGUNDA ETAPA

Tarjetas de vocabulario

Para dar direcciones

Doble (Dobla) a la derecha.
      a la izquierda.
Siga (Sigue) derecho hasta…
Tome (Toma) la calle (la avenida)…
Cruce (Cruza) la calle (la avenida, la plaza)…

Para indicar cómo vamos

Yo tomo el autobús.   Yo voy a pie.
    el metro.   en bicicleta.
    el tren.   en autobús.
              en coche.
              en metro.
              en tren.

Para hablar del tiempo que tarda en llegar

Tarda… minutos para ir a pie (en coche, etc.).
    horas
    días

Para indicar qué día es

¿Qué día es hoy?
Hoy es lunes.
    martes.
    miércoles.
    jueves.
    viernes.
    sábado.
    domingo.

Para indicar la hora

¿Qué hora es?
Es la una.
    una y cuarto.
    una y media.
Son las dos menos cuarto.
¿A qué hora vienes?
Vengo a las diez y veinte de la mañana.
           de la noche.

I. **Voy a la escuela.** Write a paragraph explaining how you get to school. Include in your paragraph information about where you live in relation to the school, how you usually go to school, how long it takes, and any alternative means of transportation you sometimes use. (If you would like a model, see the paragraphs on page 28 of your textbook.)

_____

_____

_____

_____

_____

_____

_____

_____

_____

_____

Repaso

Placing events in time

Days of the week:

lunes   martes   miércoles   jueves   viernes   sábado   domingo

Remember that the definite article is often used with the days of the week:

el lunes: _Monday, on Monday_
los lunes: _on Mondays_

Time of day:

Es la una.   Es la una y cuarto.
Son las dos.   Son las dos y media.
Son las tres.   Son las tres menos veinte.

mediodía: _noon_   **medianoche:** _midnight_

To indicate A.M. and P.M. with other times, add **de la mañana**, **de la tarde**, or **de la noche.**

J. **¿Qué haces generalmente?** Mention five activities that you do on a regular basis. Follow the model.

MODELO: *Los lunes trabajo con mi padre.*

1. _____

2. _____

3. _____

4. _____

5. _____

K. **¿Qué vas a hacer la semana próxima?** Now mention five activities that you are going to do next week. For each activity, indicate at what *time* you are going to do each acitivity.

1. _____

_____

2. _____

_____

3. _____

_____

4. _____

_____

5. _____

_____

Repaso

The verbs **querer, pensar,** and **preferir** (present tense)

yo	**quiero** **pienso** **prefiero**	nosotros(as)	**queremos** **pensamos** **preferimos**
tú	**quieres** **piensas** **prefieres**	vosotros(as)	**queréis** **pensáis** **preferís**
él ella Ud. }	**quiere** **piensa** **prefiere**	ellos ellas Uds. }	**quieren** **piensan** **prefieren**

L. **La repetición** Some classmates keep asking why you and your friends are not going out with them tonight. Since they don't want to take "no" for an answer, you stress your answers and your friends' through repeated statements. Follow the model.

MODELO: Carlota / ir al cine

Carlota prefiere ir al cine, quiere ir y piensa ir.

1. Eduardo / escuchar sus cintas

   _____

2. Lorena / jugar al fútbol

   _____

3. María José y Mercedes / estudiar

   _____

4. David / leer

   _____

5. Verónica y Cayetana / trabajar

   _____

6. Yo / tocar el piano

   _____

Repaso

Formal comands

cantar	**comer**	**escribir**
cante	coma	escriba
canten	coman	escriban

Irregular commands

ir	**ser**
vaya	**sea**
vayan	**sean**

Spelling-change commands

buscar	**llegar**	**cruzar**
busque	llegue	cruce
busquen	lleguen	crucen

M. **¡Tantas instrucciones!** Your first day of school this year presented you with a wide range of new rules. Reconstruct the commands you and your classmates heard. Follow the model.

MODELO: estudiar / todas las noches

Estudie todas las noches.

Estudien todas las noches.

1. buscar / sus libros

   _____

   _____

2. comer / en la cafetería

   _____

   _____

3. escribir / sus composiciones

   _____

   _____

4. llegar / temprano

   _____

   _____

5. ir / a la biblioteca

   _____

   _____

6. hablar / a sus profesores

   _____

   _____

Repaso

Informal comands

doblar	dobl**a**	no dob**les**
correr	corr**e**	no cor**ras**
escribir	escrib**e**	no escri**bas**

buscar	busc**a**	no bus**ques**
llegar	lleg**a**	no lle**gues**
cruzar	cruz**a**	no cru**ces**

decir	**di**	no **digas**
hacer	**haz**	no **hagas**
ir	**ve**	no **vayas**
poner	**pon**	no **pongas**
salir	**sal**	no **salgas**
ser	**sé**	no **seas**
tener	**ten**	no **tengas**

N. **Más instrucciones** After returning home from your first day of school, you were confronted with more instructions, this time from your parents. Reconstruct their commands. Follow the model.

MODELO: ir / a tus clases / al centro

Ve a tus clases.

No vayas al centro.

1. estudiar / en la biblioteca / en la cafetería

_____

_____

2. salir / a las siete / a las siete y media

_____

_____

3. escuchar / tus lecciones / tus discos compactos

_____

_____

4. venir / a las cuatro / a las ocho

_____

_____

5. leer / en tu cuarto / en el café

_____

_____

6. ser / inteligente / tonto

_____

_____

Lectura: ¿Tarjeta Joven o Grupos Escolares?

O. RENFE, the Spanish railway company, offers several kinds of special tickets for travel on their trains. Read the following information about two of these special tickets, the **Tarjeta Joven** and **Grupos Escolares.** Then answer the questions that follow.

TARJETA JOVEN

Aquí tienes la Tarjeta Joven de Renfe. Una tarjeta muy viajera que te ofrece un tren de ventajas.

Con la Tarjeta Joven de Renfe puedes realizar todos los viajes que quieras por España en tren con un descuento del 50% sobre la Tarifa General, siempre que recorras un mínimo de 100 kms. en viaje sencillo o 200 kms. si es de ida y vuelta.

Puedes utilizar la Tarjeta Joven en días azules entre el 1 de mayo y el 31 de diciembre. Y además tienes un billete de litera gratis para recorridos nacionales.

Todo esto por sólo 2.500 pesetas. Si tienes entre 12 y 26 años, consigue la Tarjeta Joven de Renfe. Está a la venta en Renfe y en Agencias de Viajes.

GRUPOS ESCOLARES

La oferta a grupos escolares es válida para viajes de ida y vuelta en 2ª clase durante el curso académico.

El recorrido (ida y vuelta) deberá ser inferior a 300 kilómetros, y la vuelta deberá realizarse en un plazo no superior a 7 días después de la ida.

Cuando se cumplan estos requisitos, los descuentos serán del 65% sobre los precios del billete por Tarifa General, en días lectivos.

Del 50% sobre Tarifa General cuando la ida o el regreso se efectúen en sábados, domingos o festivos.

Los acompañantes, profesores o responsables podrán beneficiarse de las reducciones indicadas a razón de un acompañante por cada 10 viajeros.

1. To what group of people do both these special tickets appeal?

   _____

   _____

2. What is the main difference between these two tickets?

   _____

   _____

3. Indicate **sí** or **no** if the following conditions would allow an individual or a group that is eligible for the two kinds of special tickets to benefit from that ticket.

Tarjeta joven

a. travel to other countries _____

b. travel in July _____

c. 250 km., one-way trip _____

Grupos escolares

a. travel in first-class _____

b. travel during summer vacation _____

c. 250 km. round trip _____

¿QUÉ HACEMOS?

PRIMERA ETAPA

Tarjetas de vocabulario

Para hablar de lo que hacemos en el centro

Yo voy al centro para ir al cine.
    ir de compras.
    hacer un mandado.
    ver a mis amigos.

Para comprar alguna cosa

Yo quisiera…   Es todo.
¿Tiene Ud.… ?   ¿Cuánto cuesta?
Aquí tiene…   Un(a)… por favor.
¿Tiene Ud. cambio de 500 pesetas?

Para indicar la cantidad

un kilo de	una botella de	En el mercado yo compré
medio kilo de	una docena de	el supermercado
una libra de	una lata de	
50 gramos de	un paquete de	
un litro de	un pedazo de	
un atado de		

bananas. limones. papas.
cebollas. maíz. peras.
fresas. manzanas. tomates.
guisantes. melones. uvas.
lechuga. naranjas. zanahorias.

En la papelería yo compré una hoja de papel para escribir a máquina.
    papel de avión.
  un sobre.
  una tarjeta de cumpleaños.
    del Día de la Madre.
    del Día del Padre.

Deportes

En el tiempo libre
me gusta jugar (al)…
  béisbol tenis
  baloncesto golf
  fútbol vólibol
  fútbol americano

Deportes de verano

Durante el verano me
gusta practicar…
  el windsurf el alpinismo
  la vela el ciclismo
  el waterpolo el surfing
  el esquí acuático

Lugares adónde vamos

la biblioteca el médico
la casa de un(a) el museo
  amigo(a) el parque
el centro el parque
el cine   zoológico
el concierto la piscina
la fiesta la playa
el gimnasio un restaurante

En mi tiempo libre me gusta…
  caminar al centro
  cenar con un(a) amigo(a)
  comprar un disco compacto
  desayunar en un restaurante
  escuchar mi estéreo
  hacer ejercicio
  hacer un mandado
  mirar televisión
  pasar tiempo con mi familia
  visitar a un(a) amigo(a)

También me gusta…
  alquilar videos
  el buceo / bucear
  caminar en la playa
  escribir cartas
  escuchar música
  hablar por teléfono
  hacer ejercicio aeróbico
  ir al cine

ir de camping
jugar al hockey sobre hierba
levantar pesas
montar en bicicleta
la natación / nadar
patinar
patinar en ruedas
pesca / ir de pesca
tomar el sol

A. **Ir de compras** Write a short paragraph discussing when and where you and your family go shopping. Include information about food shopping as well as more general trips to shopping centers, etc. (If you would like a model, see the paragraphs on page 41 of your textbook).

ATAJO

_____

_____

_____

_____

_____

_____

_____

_____

_____

_____

_____

Repaso

The verb **hacer** (present tense)

yo	**hago**	nosotros(as)	**hacemos**
tú	**haces**	vosotros(as)	**hacéis**
él		ellos	
ella	} **hace**	ellas	} **hacen**
Ud.		Uds.	

B. **¿Qué van a hacer esta noche?** You are trying to find out what various people are doing tonight. Complete the questions with the appropriate forms of **hacer.**

1. Antonio, ¿qué _____ esta noche?

2. Y Manuel, ¿qué _____ él?

3. ¿Y qué _____ tus padres?

4. ¿Qué _____ Uds.?

5. ¿Nosotros? ¿Qué _____ nosotros?

6. ¿Yo? ¿Quieres saber lo que yo _____ esta noche?

C. **Son muy activos.** Using an expression with **hacer,** describe what the people in the drawings are doing.

Rafael

MODELO: _Él hace su tarea._

Los Sres. Álvarez

Fiona

1. _____

_____

2. _____

_____

Arturo y Silvia

Andrés

3. _____

_____

4. _____

Dolores

5. _____

_____

Repaso

Expressing quantity and making comparisons

Quantities	Comparisons	Equality
un (medio) kilo de	**más... que**	**tan** + adjective **+ como**
una libra de	**menos... que**	**tanto(a)** + noun **+ como**
50 gramos de	**bien → mejor(es)**	**tantos(as)** + noun **+ como**
un litro de	**mal → peor(es)**	
un atado de	**joven → menor(es)**	
una botella de	**viejo → mayor(es)**	
una docena de		
una lata de		
un paquete de		
un pedazo de		

D. **Comparaciones** Look at the drawings that follow, then compare the amounts, using expressions of comparison or equality. Follow the model.

MODELO:

Hay más litros de leche que botellas de agua.

1. _____

_____

2. _____

_____

3. _____

_____

4. _____

_____

5. _____

_____

E. **En mi opinión** You are telling some Mexican visitors about the town where you live. Using expressions of comparison, give your opinion about each of the following facilities.

MODELO:　parque / estadio

　　　　　El parque es peor que el estadio.

　　　o　_El parque es más grande que el estadio._

　　　o　_Hay más parques que estadios en esta ciudad._

　　　　　etc.

1. museos / teatros

_____

2. restaurantes / cafés

_____

3. mercados / supermercados

_____

4. biblioteca / librería

_____

5. escuela / universidad

_____

F. **¿Cuánto quiere?** Using an expression of specific quantity, order an appropriate amount of each of the following items. Follow the model.

MODELO: manzanas

un kilo de manzanas _____

o _una libra de manzanas_ _____

o _una docena de manzanas_ _____

etc.

1. agua mineral _____

2. atún _____

3. zanahorias _____

4. cebollas _____

5. huevos _____

6. leche _____

7. papas _____

Repaso

The demonstrative adjective

close to speaker	close to listener	far from both
este hotel	**ese** hotel	**aquel** hotel
esta tienda	**esa** tienda	**aquella** tienda
estos hoteles	**esos** hoteles	**aquellos** hoteles
estas tiendas	**esas** tiendas	**aquellas** tiendas

G. **Tres clases de...** *(Three kinds of . . .)* In a store, you are pointing out different items. The first item is close to you, the second close to the listener, and the third far from both of you. Point out the different items and compare their quality. Follow the model.

MODELO: computadora

Esta computadora es buena.

Esa computadora es mejor.

Aquella computadora es peor.

1. discos compactos

_____

_____

_____

2. cinta

_____

_____

_____

3. estéreo

_____

_____

_____

4. calculadoras

_____

_____

_____

SEGUNDA ETAPA
Tarjetas de vocabulario

Para indicar adónde vamos a comer

Yo quiero ir a un restaurante.
Vamos a una taquería.
Quisiéramos ir a comer pizza.
¿Por qué no vamos a comer unas tapas?

Para aceptar

De acuerdo.
¿Por qué no?
¡Vamos!

Para hablar del pasado, presente y futuro

ayer	hoy	mañana
ayer por la mañana	esta mañana	mañana por la mañana
ayer por la tarde	esta tarde	mañana por la tarde
anoche	esta noche	mañana por la noche
el lunes pasado		el lunes próximo
la semana pasada	esta semana	la semana próxima
el mes pasado	este mes	el mes próximo
el año pasado	este año	el año próximo

Para indicar la última vez que hiciste alguna cosa

hace tres días
hace tres meses
hace tres años

Para hablar de una actividad habitual

de costumbre	todos los días
por lo general	siempre
normalmente	

Períodos de tiempo

un minuto, dos minutos, tres minutos, etc.
una hora, dos horas, tres horas, etc.
un día, dos días, tres días, etc.

una semana, dos semanas, tres semanas, etc.
un mes, dos meses, tres meses, etc.
un año, dos años, tres años, etc.

Para pedir algo para comer o beber

Perdón señor (señorita),...
Yo quisiera...

Nosotros quisiéramos...
Por favor, tráigame...

Mi amigo(a) quisiera...

Para indicar qué queremos beber o comer

En el restaurante, yo pido café (con leche).
    chocolate.
    un licuado de fresas.
      de banana.
      de mango.
    una limonada.
    un agua mineral con (sin) gas (con limón).
    té (con limón).
    té helado.

En el restaurante, yo como un sándwich de jamón con queso.
    un bocadillo.
    una pizza.
    una hamburguesa (con queso).

En una taquería yo como tacos de carne.
    de pollo.
    unas quesadillas.
    una ensalada.
    de guacamole.
    una enchilada.
    frijoles.
    salsa picante (no muy picante).

En un bar de tapas yo como unas aceitunas.
    unos calamares.
    patatas bravas.
    chorizo y pan.
    queso.
    tortilla de patatas.

H. **Cuando no comemos en casa**... Write a short paragraph telling when, where, and why your family eats out. Be sure to mention the different preferences of your family members. (If you would like a model, see the paragraphs on page 52 of your textbook.)

ATAJO

_____

_____

_____

_____

_____

_____

_____

_____

Repaso

The preterite of **-ar, -er,** and **-ir** verbs

yo	hablé	corrí	escribí
tú	hablaste	corriste	escribiste
él			
ella }	habló	corrió	escribió
Ud.			
nosotros(as)	hablamos	corrimos	escribimos
vosotros(as)	hablasteis	corristeis	escribisteis
ellos			
ellas }	hablaron	corrieron	escribieron
Uds.			

I. **Anoche** Yolanda tells what she and her friends did last night. Then she asks some other people what they did. Complete her and others' sentences using the *preterite* of the verbs in parentheses.

1. Ramón _____ sus cintas. (escuchar)

2. Alejandra y su hermana _____ el autobús al centro. (tomar)

3. Sandra _____ en un restaurante. (comer)

4. Yo _____ de casa a las ocho. (salir)

5. Y Uds., ¿cuándo _____ a casa? (volver)

6. Nosotros _____ a medianoche. (llegar)

7. Y tú, Felipe, ¿cuantas millas _____? (correr)

8. Yo _____ cinco millas. (correr)

Repaso

The preterite of **ir**

yo	**fui**		nosotros(as)	**fuimos**
tú	**fuiste**		vosotros(as)	**fuisteis**
él			ellos	
ella	} **fue**		ellas	} **fueron**
Ud.			Uds.	

J. **Viajes a varios sitios** Olga is telling her friends what she and her family did last night. She then asks her friends where they went. Using a form of **ir,** complete the following sentences.

1. Mis abuelos _____ al cine.

2. Jaime _____ a la biblioteca.

3. Concepción y Paula _____ al centro.

4. Y tú Fernando, ¿adónde _____?

5. Yo _____ al supermercado.

6. Y Uds., ¿adónde _____?

7. Nosotros _____ a la universidad.

K. **El inspector Escámez** A successful young writer, Claudio Alonso, has disappeared. He was last seen near the Plaza de Espadas. Inspector Escámez has been assigned to the case, and he has found one potentially useful piece of evidence — Claudio's weekly calendar. Play the role of inspector Escámez and reconstruct each of Claudio's activities during the week he disappeared. Use the following verbs and expressions: **trabajar, comer, ir, hablar por teléfono, visitar, comprar, hacer las maletas, tomar, salir.**

Begin with: _El lunes por la mañana Claudio trabajó desde las nueve hasta_

mediodía.

End with: _Nadie le vio° después de las dos de la tarde del día 21._

° No one saw him

ABRIL

lunes 17	martes 18	miércoles 19	jueves 20	viernes 21
8h	8h	8h	8h	8h
9h *oficina*	9h *oficina*	9h	9h	9h
10h	10h	10h	10h *centro*	10h
11h	11h	11h	11h	11h
12h *comer con Victoria*	12h	12h	12h	12h
1h	1h	1h *oficina*	1h	1h *hablar – Lola/ José Antonio*
2h	2h	2h	2h *teatro*	2h *banco, Pl. de Espadas*
3h	3h	3h	3h	3h
4h	4h	4h	4h	4h
5h	5h *supermercado*	5h	5h *café, Martina*	5h
6h *hablar, Manuel*	6h *hablar, José Antonio*	6h	6h	6h
7h	7h *comer, Lola – mi casa*	7h	7h	7h
8h	8h	8h *cine con Julia*	8h *Victoria – su casa*	8h
9h	9h	9h	9h	9h

_____

_____

_____

_____

_____

_____

_____

_____

_____

_____

_____

_____

_____

_____

_____

_____

Repaso

Talking about past, present, and future events

To express a past action:

Ayer **nosotros fuimos** al cine.	Yesterday *we went* to the movies.
Compré el reloj hace una semana.	*I bought* the watch a week ago.

To indicate a habitual action or a present condition:

De costumbre yo salgo de casa a las siete.	*I usually leave* home at 7:00.
Yo tengo 17 años.	*I am* seventeen.
Hoy es jueves.	*Today is* Thursday.

To express an action going on at the moment of speaking:

Ahora ellos **están estudiando.**	Right now they *are studying*.
En ese momento él **está jugando.**	At this moment he *is playing*.

To express a future action:

Esta noche **voy a leer.**	Tonight *I am going to read*.
Nosotros **vamos a volver** el martes próximo.	*We are going to return* next Tuesday.

L. **Lo que yo hice... Lo que yo voy a hacer...** Use the suggested expressions to write sentences telling what you did in the past and what you are going to do in the future. Follow the model.

MODELO: el año pasado / el año próximo

El año pasado mi familia y yo fuimos a Nueva York.

El año próximo vamos a visitar San Francisco.

1. ayer / mañana

_____

_____

2. anoche / mañana por la noche

_____

_____

3. el sábado pasado / el sábado próximo

_____

_____

4. la semana pasada / la semana próxima

_____

_____

5. hace tres meses / en tres meses

_____

_____

6. hace un año / en un año

_____

_____

M. **Un pequeño cambio** Use the suggested expressions to write sentences telling what different people generally **(de costumbre)** do and what they are doing right now **(ahora).** Follow the model.

MODELO: Alberto / estudiar / en el colegio / en la biblioteca.

De costumbre Alberto estudia en el colegio, pero ahora

está estudiando en la biblioteca.

1. Yo / comer / en casa / en la cafetería

_____

_____

2. Clara / comprar / dos botellas de agua / tres

_____

_____

3. Rubén / leer / el periódico / una revista

_____

_____

4. Los Sres. Carballo / caminar al centro / tomar el autobús

_____

_____

5. Nosotros / escuchar la radio / mirar la tele

_____

_____

6. Uds. / salir / temprano / tarde

_____

_____

7. Gonzalo / trabajar / dormir

_____

_____

Lectura: Casa Botín

N. Look over the menu from Casa Botín, a popular restaurant near the Plaza Mayor in Madrid. Then do the exercise on the next page. (If you do not know the approximate exchange rate of **pesetas** to dollars, consult the newspaper or a bank.)

ENTREMESES Y JUGOS DE FRUTA

```
Jugos de Tomate, Naranja...............225
Entremeses variados....................660
Lomo de Jabugo.......................1.450
Jamón de Bellota.....................1.850
Melón con Jamón......................1.520
Ensalada Riojana.......................575
Ensalada de lechuga y tomate...........350
Ensalada BOTIN (con pollo y jamón).....705
Ensalada de endivias...................650
Ensalada de endivias con Queso.........800
Morcillas de Burgos....................350

SALMÓN AHUMADO.......................1.510
SURTIDOS DE AHUMADOS.................1.790
```

SOPAS

```
Sopa al cuarto de hora
  (de pescados y mariscos)...........1.025
Sopa de Ajo con huevo..................405
Caldo de ave...........................350
Gazpacho campero.......................490
```

HUEVOS

```
Huevos revueltos con
  salmón ahumado.......................815
Huevos revueltos con champiñón.........445
Huevos a la Flamenca...................445
Tortilla con gambas....................865
Tortilla con jamón.....................445
Tortilla con chorizo...................445
Tortilla con espárragos................445
Tortilla con escabeche.................445
```

LEGUMBRES

```
Espárragos dos salsas................1.010
Guisantes con jamón....................580
Alcachofas salteadas con jamón.........580
Judías verdes con tomate y jamón.......580
Setas a la Segoviana...................725
Champiñón salteado.....................595
Patatas fritas.........................210
Patatas asadas.........................210
```

PESCADOS

```
Angulas..............................3.300
Almejas BOTIN........................1.700
Langostinos con mahonesa.............3.200
Cazuela de Pescados a la Marinera....2.025
Gambas a la plancha..................1.950
Merluza rebozada.....................1.975
Merluza al horno.....................1.975
Merluza con salsa mahonesa...........1.975
Calamares fritos.....................1.025
Lenguado frito, al horno
  o a la plancha (pieza).............1.975
Trucha a la Navarra....................975
Chipirones en su tinta (arroz blanco)...950
```

RESTAVRANTE ANTIGVA CASA SOBRINO DE BOTÍN (1725)
TELÉFONO 2664817
28005 MADRID
CVCHILLEROS, 17

ASADOS Y PARRILLAS

```
COCHINILLO ASADO.....................1.675
CORDERO ASADO........................1.900
Pollo asado 1/2........................600
Pollo en cacerola 1/2..................785
Pechuga «Villeroy».....................715
Perdíz estofada (o escabechada) 1/2..1.025
Chuletas de cerdo adobadas.............875
Filete de ternera con patatas........1.405
Escalope de ternera con patatas......1.355
Ternera asada con guisantes..........1.355
Solomillo con patatas................1.920
Solomillo con champiñón..............1.920
Entrecot a la plancha, con guarnición.1.870
Ternera a la Riojana.................1.465
```

POSTRES

```
Cuajada................................395
Tarta helada...........................390
Tarta de crema.........................390
Tarta de manzana.......................390
Tarta de limón.........................465
Flan...................................275
Flan con nata..........................415
Helado de vainilla, chocolate o caramelo335
Espuma de chocolate....................385
Melocotón con nata.....................425
Fruta del tiempo.......................385
Queso..................................595
Fresón al gusto........................515
Sorbete de limón.......................390
Sorbete de frambuesa...................390
Melón..................................410
```

> **MENU DE LA CASA**
> (Otoño - Invierno)
> Precio: 2.640.-Ptas.
> Sopa de Ajo con Huevo
> Cochinillo Asado
> Flan
> Vino o cerveza o agua mineral

CAFE 115 - **PAN** 60 - **MANTEQUILLA** 75
HORAS DE SERVICIO: ALMUERZO, de 1:00 A 4:00
CENA, de 8:00 A 12:00
SERVICIO E I.V.A.6% INCLUIDO
ABIERTO TODOS LOS DÍAS

You have always heard people talking about Casa Botín but have never been there. When your family comes to visit you in Spain, you decide to go. Based on the information on the menu, answer the following questions.

1. Your father wants to know where Casa Botín is located.

    _____

2. Your mother wants to know what time they serve dinner.

    _____

3. Your father says that he wants chicken. What will you order for him and how much will it cost?

    _____

4. Your mother wants to know what the "house menu" is.

    _____

5. For dessert your sister would like fruit. What will you order for her and how much will it cost?

    _____

6. What will you order for yourself? Why? How much will it cost?

    _____

7. Your father wants to know if the tip is included.

    _____

8. What three questions would you like to ask your Spanish friends about items on the menu?

    _____

    _____

    _____

PRIMERA UNIDAD

Descripciones

Planning Strategy

Your Spanish-speaking friend finds it difficult to provide details when giving information to others. She has no problem making general statements about something, but when people ask her to be precise, she doesn't seem to have the necessary vocabulary. Suggest some English expressions and sentences she might use to accomplish the following tasks.

1. When someone asks me about the weather in southern Spain, I say, "It's very hot." How do I elaborate and give more detail?

   _____

   _____

2. Many people use the weather as a topic for small talk. What kinds of things can I say when I want to do the same?

   _____

   _____

3. What words and expressions can I use to describe a film that I've seen?

   _____

   _____

4. How about if I want to describe my house?

   _____

   _____

5. And what if I want to give a physical description of a person?

   _____

   _____

6. What if I want to describe someone's personality?

   _____

   _____

CAPÍTULO UNO

¿QUÉ TIEMPO HACE?

Vocabulario

Para charlar

Para hablar del tiempo

¿Qué tiempo hace?
Está despejado.
Está nublado.
Está resbaloso.
Hace buen tiempo.
Hace calor.
Hace fresco.
Hace frío.
Hace mal tiempo.
Hace sol.
Hace viento.
Hay hielo.

Hay neblina.
Hay niebla.
Hay nubes.
Hay tormenta.
Llovizna.
Llueve.
Nieva.
Truena.
La temperatura
  está en… grados
  (bajo cero).

Para preguntar y dar la fecha

¿A cuántos estamos?
¿Cuál es la fecha de hoy
  (de tu cumpleaños, etc.)?
¿Qué fecha es hoy?
Hoy es el 5 de abril.
En (el mes de) enero
  (febrero, marzo, etc.)…
Él (Ella) nació…

Temas y contextos

Los meses del año

enero
febrero
marzo
abril
mayo
junio

julio
agosto
septiembre
octubre
noviembre
diciembre

Las estaciones del año

la primavera
el verano
el otoño
el invierno

Vocabulario general

Sustantivos

el mar
la montaña
la neblina
la niebla
la nieve
el pronóstico
la temperatura
la tormenta

Verbos

jugar
saber
volver

Otras palabras y expresiones

demasiado
depender de
echar (dormir) una siesta
estar de mal humor
estrellas
Hay que ser razonables.
llover a cántaros
por lo menos

PRIMERA ETAPA

A. **¡Leamos!** This report describes the weather in May in different regions throughout Spain. Read the report, then answer in English the questions that follow.

Pronósticos

Área de Madrid: Intervalos nubosos, más frecuentes a última hora en las zonas montañosas. Vientos flojos o en calma y temperaturas sin variaciones importantes.

Andalucía: Parcialmente nuboso en su mitad oriental, con alguna precipitación en zonas montañosas.

Aragón: Ambiente soleado, aunque con formaciones nubosas en las zonas montañosas y algún chubasco.

Asturias: Intervalos nubosos a última hora de la tarde.

Baleares: Parcialmente nuboso, con posibilidad de algún chubasco.

Canarias: Cielos poco nubosos o despejados, con alguna nube en la zona norte.

Cantabria: Poco nuboso o despejado, con algunas nubes en zonas montañosas.

Castilla-La Mancha: Algunos intervalos nubosos, con posibilidad de tormentas por la tarde.

Castilla y León: Cielos poco nubosos o despejados, con formación de nubes en las montañas.

Cataluña: Nubosidad de evolución diurna en las zonas altas y despejado en el resto.

Comunidad Valenciana: Algo nuboso, con posibilidad de precipitaciones en la costa.

Extremadura: Predominio de los cielos poco nubosos o despejados.

Galicia: Apertura de grandes claros, aunque con nubes en las zonas montañosas.

La Rioja: Intervalos nubosos, especialmente por la tarde.

Murcia: Nubosidad variable, con posibilidad de algún chubasco.

Navarra: Poco nuboso, con algún banco de niebla.

País Vasco: Algunos intervalos nubosos, especialmente en las zonas montañosas.

Mañana: Intervalos nubosos en el cuadrante noroeste, con posibilidad de alguna precipitación. Formación de nubes tormentosas por la tarde en el interior.

1. What region may experience showers on the coast?

_____

2. Where might you expect a thunderstorm in the afternoon?

_____

3. Where might you see fog?

_____

4. What fluctuations in temperature will you see in Madrid today?

_____

5. What do you think the following Spanish words might mean, based on the context of this report?

nuboso _____

soleado _____

nubes tormentosas _____

vientos flojos _____

Repaso ————————————————————

The months of the year

enero	**abril**	**julio**	**octubre**
febrero	**mayo**	**agosto**	**noviembre**
marzo	**junio**	**septiembre**	**diciembre**

The months of the year are not capitalized in Spanish. All are masculine and do not take an article. To express the idea of *in a month*, use **en** or **en el mes de** with the name of the month.

B. **¿En qué mes es... ?** Tell in which month each holiday falls.

MODELO: Washington's birthday

Es en febrero.

o _Es en el mes de febrero._

1. Father's Day

_____

2. Christmas and Hanukkah

_____

3. Valentine's Day

_____

4. Independence Day

_____

5. Thanksgiving

_____

6. St. Patrick's Day

_____

7. Halloween

_____

8. Labor Day

_____

9. Martin Luther King, Jr. Day

_____

10. Memorial Day

_____

11. Flag Day

_____

12. Columbus Day

_____

Repaso

The date

¿Cuál es la fecha de hoy?
¿Qué fecha es hoy? } *What is today's date?*
¿A cuántos estamos?

Hoy es el 3 de octubre de 1996.   *Today is October 3, 1996.*

C. **¿Cuál es la fecha?** Write out the following dates in Spanish. Follow the model. (Notice that when the date is abbreviated numerically in Spanish, *the day comes first, followed by the month* and then the year.)

MODELO: 5.2.83

el cinco de febrero de mil novecientos ochenta y tres

1. 15.7.90 _____

2. 7.2.76 _____

3. 22.1.55 _____

4. 1.11.67 _____

5. 30.4.48 _____

6. mi cumpleaños _____

Repaso

The seasons of the year

la primavera
el verano
el otoño
el invierno

To express the idea of *in a particular season,* use **en** and the appropriate definite article with the season. Following the verb **ser,** the definite article is omitted.

D. **Donde yo vivo...** Name two activities that take place in your area for each season listed. Follow the model.

MODELO: en la primavera

En la primavera damos un paseo por el parque.

En la primavera celebramos el Día de San Patricio.

1. en la primavera

_____

_____

2. en el verano

_____

_____

3. en el otoño

_____

_____

4. en el invierno

_____

_____

E. **Yo...** Using the questions that follow as a guide, write a short paragraph telling about the month in which you were born and why you like or dislike that season of the year. Talk about your city or town's weather during that season and the activities in which you participate.

Preguntas: ¿En qué estación es tu cumpleaños? ¿En qué mes? ¿Qué tiempo hace generalmente en esa estación donde tú vives? ¿Te gusta esa estación? ¿Por qué? ¿Prefieres otra estación?

_____
_____
_____
_____
_____
_____
_____
_____

F. **Donde yo vivo...** Now write a short paragraph about weather conditions in your area during three of the following months or seasons. Choose different seasons from the one you described in Ex. E.

En el verano _____
_____
_____
_____
_____

En el mes de diciembre _____
_____
_____
_____
_____

En abril _____

_____

_____

_____

_____

_____

En el otoño_____

_____

_____

_____

_____

_____

SEGUNDA ETAPA

G. **¡Leamos!** Read the following weather report for Venezuela. Then write the name of the region being described next to each of the following English descriptions.

Tiempo en Venezuela

Mar Caribe al norte de Venezuela: De parcial a nublado durante todo el período. Precipitaciones ocasionales y aisladas diurnas y nocturnas. Formación de cumulonimbos. Viento del noreste-sureste de 8–25 kilómetros por hora. Ráfagas. Mar con oleaje normal.

Valle de Caracas: De parcial a nublado en horas de la mañana, incrementándose la nubosidad después del mediodía. Precipitaciones ocasionales durante la tarde y noche, algunas de carácter tormentoso.

Región nororiental: Poca nubosidad en horas de la mañana, nublándose en el resto del período. Precipitaciones ocasionales en la tarde, con formación de aislados cumulonimbos.

Región centronorte costera: De parcial a nublado durante la mañana, incrementándose la nubosidad después del mediodía. Precipitaciones vespertinas, algunas con tormenta. Formación de cumulonimbos.

Región centro occidental: Nubosidad moderada durante todo el período. Precipitaciones ocasionales, diurnas y nocturnas, con más frecuencia después del mediodía. Formación de cumulonimbos.

Región zuliana: Nublado todo el período. Precipitaciones diurnas y nocturnas, algunas de carácter tormentoso.

Región de Los Andes: Nublado durante el período. Precipitaciones ocasionales. Formación de cumulonimbos.

Región de los llanos centrales: (Guárico-Apure) De parcial a nublado en horas de la mañana, incrementándose la nubosidad después del mediodía. Precipitaciones durante el período, con más frecuencia en la tarde.

Región Guayana y Sur: Poca nubosidad durante la madrugada y en horas de la mañana, incrementándose la misma después del mediodía. Precipitaciones, algunas de carácter tormentoso, especialmente en horas vespertinas. Formación de aislados cumulonimbos.

---

1. Slightly cloudy in the morning, cloudy during the rest of this period. Occasional afternoon precipitation, with scattered cumulonimbus clouds.

   _____

2. Cloudy during the entire period. Daily and nightly precipitations, some thunderstorms.

   _____

3. Partly cloudy throughout the entire period. Occasional isolated daily and nightly precipitations. Cumulonimbus clouds with northeastern to southeastern winds of 8–25 km/hr Gusty winds. Normal tide at sea.

_____

4. Partly cloudy in the morning, with increased cloudiness after noon. Precipitation throughout the period, but with greater frequency in the afternoon.

_____

H. **Nuestras vacaciones** Based on the drawings, give a description of the weather conditions for each day of the Candela family's vacation. The (Celsius) temperatures in some of the drawings are an additional guide.

MODELO: *Llueve y hace frío.*

sábado

domingo

1. _____

_____

lunes

2. _____

_____

martes

3. _____

_____

miércoles

4. _____

_____

jueves

5. _____

_____

viernes

6. _____

_____

sábado

7. _____

_____

Repaso

Stem-changing verbs in the present tense

pensar (ie)		dormir (ue)		pedir (i)	
pienso	pensamos	duermo	dormimos	pido	pedimos
piensas	pensáis	duermes	dormís	pides	pedís
piensa	piensan	duerme	duermen	pide	piden

(ie)   comenzar, despertar(se), empezar, querer
(ue)   acostar(se), jugar, poder, volver
(i)   servir

I. **¿Cuándo vuelven?** Write sentences that indicate what different people do. Follow the model.

MODELO: Margarita / volver / el jueves

Margarita vuelve el jueves.

1. yo / jugar al tenis / en el verano

_____

2. mi clase / comenzar / a las once de la mañana

_____

3. los Sres. Arias / querer / ir mañana

_____

4. Vicente / volver / tarde los fines de semana

_____

5. tú / poder / venir conmigo

_____

6. nosotros / pedir / unas rebanadas

_____

7. Margarita y Julia / pensar / salir al mediodía

_____

8. El camarero / servir / la ensalada

_____

9. Yo / pedir / las enchiladas de pollo

_____

10. Mis hermanitos / dormir / en el segundo piso

_____

11. Pepe y yo / pensar / trabajar juntos

_____

12. El viaje / empezar / en Santiago

_____

J. **Susana quiere saber.** Your family has a Spanish-speaking guest for the weekend, and she wants to know about your family's habits and activities. Answer her questions.

1. ¿A qué hora piensan Uds. ir de compras?

_____

_____

2. ¿Dónde duermo este fin de semana?

_____

_____

3. ¿Quién juega al golf?

_____

_____

4. ¿Cuándo empiezan las clases de los niños?

_____

_____

5. ¿A qué hora sirven la comida?

_____

_____

6. ¿Pueden Uds. ir a la biblioteca todos los días?

_____

_____

7. ¿A qué hora empieza el desayuno?

_____

_____

TERCERA ETAPA

K. **¡Leamos!** Read the following weather forecast for Miami and, based on the content, indicate what you think the following expressions mean in English.

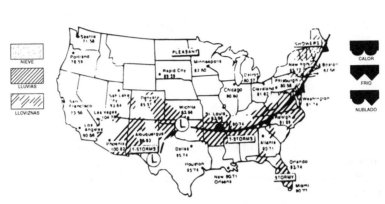

Pronóstico General del Estado del Tiempo

ESTADO GENERAL DEL TIEMPO: Pronóstico para Miami y sus vecindades:

CIELOS: Nublados en su mayor parte durante la noche con posibilidades de lluvias del 30 por ciento. El martes, nublados en su mayor parte con posibilidades de lluvias del 30 por ciento.

TEMPERATURAS: Algo cálidas en la noche con las mínimas en la parte superior de los 70 grados. El martes, muy cálidas con las máximas en la parte inferior de los 90 grados.

VIENTOS: Soplarán vientos del este de 10 a 15 millas por hora en la noche. El martes, vientos del este de alrededor de 15 millas por hora.

AGUAS: Las aguas de la bahía de Biscayne estarán moderadamente picadas en las áreas expuestas durante la noche con olas de dos a cuatro pies de alto y vientos del sureste de entre 10 y 15 nudos por hora. El martes, aguas moderadamente picadas con olas de alrededor de cuatro pies de alto y vientos del este-sureste de 15 nudos por hora.

MAREAS: Las mareas a la entrada de la bahía de Miami, serán:

ALTAS: 1:28 a.m. y 2:23 p.m.
BAJAS: 7:52 a.m. y 8:28 p.m.

1. **vecindades** _____

2. **por ciento** _____

3. **en la parte superior de los 70 grados** _____

4. **soplar(án)** *(Hint: This is a verb.)* _____

5. **olas** _____

6. **nudos por hora** _____

7. **las mareas** _____

L. **La temperatura está en...** You open your newspaper and see the following Celsius temperatures for various cities in Europe. Use the conversion method on page 84 of your textbook to get their Fahrenheit equivalent.

		C	F			C	F
1.	París	13°	_____	4.	Madrid	22°	_____
2.	Málaga	18°	_____	5.	Munich	6°	_____
3.	Strasbourg	9°	_____	6.	Istanbul	25°	_____

M. **¿Qué tiempo va a hacer en varias partes del mundo?** Look at the world travelers' forecast that follows and indicate in your own words in Spanish what the weather will be like in the six different cities listed on the next page. (Hint: **Cubierto** means the same thing as **nublado.)**

Temperaturas

España	M.	m.	A.	Pr.	España	M.	m.	A.	Pr.	Iberoamérica	M.	m.	A.
Albacete	15	11	Ll	1	Lérida	21	10	C		Bogotá	17	6	C
Algeciras	18	16	C		Logroño	23	111	Ll	0,4	Buenos Aires	21	13	D
Alicante	21	14	Ll	12	Lugo	18	11	P		Caracas	28	20	C
Almería	25	16	Ll	3	Mahón	18	15	C		La Habana	32	22	C
Ávila	18	5	P		Málaga	19	15	C		La Paz	17	3	D
Avilés	14	11	Ll	3	Melilla	19	15	Ll	4	Lima	22	16	C
Badajoz	25	11	P		Murcia	19	13	Ll	10	Lisboa	25	16	D
Barcelona	22	14	P		Orense	24	8	P		México	25	12	D
Bilbao	18	13	Ll	1	Oviedo	17	10	Ll	3	Miami	26	23	C
Burgos	16	10	Ll	0,6	Palencia	20	11	P		Montevideo	22	10	D
Cáceres	22	12	P		Palma	18	16	C		Panamá	31	23	D
Cádiz	23	15	P		Pamplona	20	12	Ll	0,4	Quito	21	10	C
Cartagena	17	12	Ll	15	Ponferrada	23	9	Ll	7	R. de Janeiro	30	18	C
Castellón	19	16	P		Pontevedra	25	13	D		San Juan	31	28	C
Ceuta	17	14	P		Salamanca	19	8	P		Santiago	17	7	C
C. Real	20	11	C		S. Sebastián	15	13	Ll	3	Sto. Domingo	31	22	C
Córdoba	26	13	P		Santander	17	13	Ll	2	**Extranjero**	M.	m.	A.
Cuenca	15	10	C		Santiago	18	11	P		Atenas	27	15	P
El Ferrol	17	12	P		Segovia	21	7	P		Berlín	25	13	T
Gerona	23	10	P		Sevilla	26	15	P		Bruselas	15	8	Ll
Gijón	17	13	Ll	2	Soria	18	8	C		Copenhague	21	13	D
Granada	22	12	Ll	13	Tarragona	22	12	P		Estocolmo	25	6	D
Guadalajara	20	7	P		S.C. Tenerife	20	18	C		Francfort	24	9	D
Huelva	26	15	P		Teruel	14	9	C		Ginebra	22	9	D
Huesca	21	10	Ll	0,4	Toledo	19	11	C		Londres	14	7	P
Ibiza	19	17	Ll	3	Tortosa	23	14	C		Manila	36	25	D
Jaén	22	12	P		Valencia	19	15	Ll	2	Moscú	14	6	P
Jerez	25	16	P		Valladolid	21	8	Ll	2	Nueva York	27	15	D
La Coruña	18	13	P		Vigo	23	14	P		París	17	10	P
Lanzarote	20	17	Ll	0,5	Vitoria	16	11	C		Roma	21	9	D
Las Palmas	22	18	P		Zamora	19	10	Ll	0,2	Sidney	24	15	D
León	18	7	C		Zaragoza	22	10	P		Tokio	26	16	D
										Viena	18	9	P

M.: Máxima.- m.: mínima. - A.: Ambiental. - Pr.: Precipitación. - D.: Despejado. - C.: Cubierto. - Ll.: Lluvia. - P.: Parcialmente cubierto. - T.: Tormentas. - N.: Nieve. - n.: Niebla. - Ch.: Chubascos. - (Datos INM.)

1. Barcelona: _____

_____

2. La Habana: _____

_____

3. Tokio: _____

_____

4. Granada: _____

_____

5. Berlín: _____

_____

6. Moscú: _____

_____

N. **¿Quién puede pronosticar el tiempo?** You and your friends keep making plans, only to find the weather the opposite of what you expected. Use the symbols to tell what the weather is like in each situation.

MODELO: Voy a estudiar en casa esta tarde.

Hace buen tiempo. Hace sol.

1. Vamos a esquiar.

_____

2. Gloria y José van a jugar al tenis.

_____

3. Van a ir a la playa.

_____

4. Voy a dar un paseo.

_____

5. Vamos a hacer un viaje en coche.

_____

Repaso

The verb **saber**

yo	**sé**	nosotros(as)	sab**emos**
tú	sab**es**	vosotros(as)	sab**éis**
él		ellos	
ella }	sab**e**	ellas }	sab**en**
Ud.		Uds.	

Saber is used to talk about knowledge of facts or something that has been learned thoroughly, as well as to talk about knowing how to do something.

_____

O. **¿Quién sabe?** Your class wants to find out who knows certain information and who knows how to do certain things. Rewrite the following sentences, using the appropriate form of the verb **saber.**

MODELO: Sara / los nombres

Sara sabe los nombres.

1. Adela / las fechas

   _____

2. Simón / hablar inglés

   _____

3. Celia y Mercedes / quién va a cantar

   _____

4. tú / cuánto es

   _____

5. nosotros / la dirección

   _____

6. Uds. / bailar

   _____

7. yo / que Rogelio no sabe todo

   _____

P. **Yo sé pronosticar el tiempo.** Dissatisfied with the weather reports that you have read lately, you decide to become the school's meteorologist. With as much detail as possible, give your extended forecast for the next three days.

ATAJO

_____

_____

_____

_____

_____

_____

_____

_____

_____

CAPÍTULO DOS

¿CÓMO ES?

Vocabulario

Para charlar

Para hacer una descripción física

feo(a) / bonito(a)
largo(a)
ligero(a) / pesado(a)
moderno(a) / viejo(a)
pequeño(a) / grande

Para describir el color

amarillo(a)	gris	rojo(a)
anaranjado(a)	morado(a)	rosado(a)
azul	negro(a)	verde
blanco(a)	pardo(a)	violeta
café		

Para evaluar cualquier cosa

aburrido(a) / interesante	formal
alegre / triste	formidable
bueno(a) / malo(a)	histórico(a)
caro(a)	infantil
clásico(a)	optimista / pesimista
completo(a)	práctico(a)
delicioso(a)	regular
divertido(a) / serio(a)	romántico(a)
económico(a)	sensacional
elegante	teatral
extraño(a)	variado(a)

Vocabulario general

Verbos	Sustantivos	Otras palabras y expresiones
ahorrar	un cuadro	dar una vuelta
funcionar	un estilo	¿De qué color es… ?
	un horóscopo	Descríbeme…
	un período	pudo
	un(a) pintor(a)	
	una reacción	

PRIMERA ETAPA

A. **¡Leamos!** Read the following statements made by Carmelo, a singer with the popular Spanish group *El Norte,* and write down the eight adjectives that you find.

El cantante de El Norte

- Soy un fanático de los compositores clásicos.
- Yo soy un chico muy tranquilo.
- Prefiero la música baja para poder charlar con mis amigos.
- Cuando tengo dos días libres me dedico a descansar.
- Yo tengo un trabajo especial.
- No soy pesimista, pero creo que el mundo tiene muchos problemas.
- Me gusta estar activo, pero de vez en cuando va bien echar el freno y parar.

_____   _____

_____   _____

_____   _____

_____   _____

B. **¿Cómo es?** Which adjective best describes each drawing? Follow the model.

MODELO: fácil / difícil

El examen es fácil.

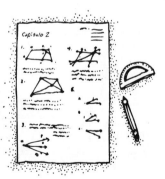

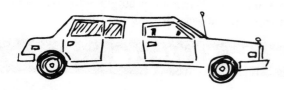

pequeño / grande

vieja / moderna

1. _____

2. _____

aburrido / interesante

bonita / fea

3. _____

4. _____

ligero / pesado

cara / barata

5. _____

6. _____

buena / mala

7. _____

C. **Algunas preguntas** Answer the questions according to your personal situation. If the question does not apply, say so **(No tengo...).**

MODELO: ¿Es grande o pequeña tu escuela?

Mi escuela es grande (muy grande, pequeña, muy pequeña).

1. ¿Es difícil o fácil tu libro *(¡Ya verás!)*?

_____

2. ¿Es vieja o nueva tu bicicleta?

_____

3. ¿Es aburrida o interesante tu clase de matemáticas?

_____

4. ¿Es bonito o feo tu pueblo?

_____

5. ¿Son buenas o malas tus cintas?

_____

6. ¿Son difíciles o fáciles tus libros?

_____

7. ¿Son interesantes o aburridas tus clases?

_____

Repaso

Agreement of adjectives

Adjectives must agree in gender and number with the nouns they modify:

El muchacho es **alto.**   La muchacha es **alta.**
El libro es **interesante.**   La pregunta es **interesante.**
Los hombres son **inteligentes.**   Las mujeres son **inteligentes.**
El abogado es **pesimista.**   Las abogadas son **pesimistas.**
El examen es **difícil.**   Las preguntas son **difíciles.**

El libro es **gris.**
El niño es **feliz.**
El profesor es **francés.**

Las faldas son **grises.**
Las niñas son **felices.**
La profesora es **francesa.**

When an adjective of nationality ends in **-s** in the masculine form, the feminine form then ends in **-sa.**

D. **Y otros también** Your friend makes a comment and you respond by indicating that others are like that also. Follow the model.

MODELO: El profesor es cubano. (profesoras)

Las profesoras son cubanas.

1. La película es mala. (composiciones)

   _____

2. Mi padre es feliz. (padres)

   _____

3. Las computadoras son nuevas. (estéreo)

   _____

4. Los alumnos son inteligentes. (profesora)

   _____

5. Las revistas son interesantes. (libro)

   _____

6. El suéter es gris. (zapatos)

   _____

7. Mi prima es inglesa. (abuelos)

   _____

8. La mujer es activista. (hombre)

   _____

9. El auto es verde. (bicicleta)

   _____

E. **¿De qué color es... ?** Give the color of the following items.

MODELO: ¿De qué color es el sol?

El sol es amarillo. _____

¿De que color(es) es / son...

1. la nieve? _____

2. las nubes? _____

3. las manzanas? _____

4. tu casa? _____

5. tu libro de español? _____

6. los plátanos? _____

7. tus zapatos? _____

F. **¿Cómo es... ?** Use an adjective to describe each of the following items. Be sure you use the appropriate forms of the adjectives, and do not use an adjective more than twice. Follow the model.

MODELO: *La casa es bonita.* _____

o *La casa es grande.* _____

o *La casa es moderna.* _____

1. _____   2. _____

3. _____   4. _____

5. _____ 6. _____

7. _____ 8. _____

G. **Una descripción de mi cuarto** Give a physical description of your room. Include the objects that are in the room, their size, their color, and any other special features. Use as many of the adjectives you've learned as possible. Write at least five sentences.

ATAJO

_____

_____

_____

_____

_____

_____

_____

_____

_____

_____

_____

_____

_____

SEGUNDA ETAPA

H. **¡Leamos!** Read the following excerpt from an article on forecasting the weather. Then do the exercises that follow.

En Londres, la British Broadcasting Corporation (BBC) prepara sus pronósticos para televisión en forma breve: un hombre se para delante de un mapa de las Islas Británicas colgado en la pared. Habla con suavidad, pero no es necesario escucharlo, sólo observar. Está fijando símbolos amarillos en forma de sol en todo el mapa. Luego, casi sin pausa, empieza a reemplazar los soles amarillos con imágenes de nubes blancas y, por último, cambia estas nubes por figuras de una lluvia ligera de color azul. Fin del pronóstico. Para el auditorio, el mensaje es claro; no importa el volumen de información oculto detrás: sol, seguido de nubosidad, seguido de lluvia.

En Boston, el pronóstico del tiempo es, naturalmente, un asunto muy distinto. La transmisión dura mucho más, ofrece un despliegue impresionante de tecnología, con imágenes de satélite que abarcan toda la región, mapas de computadora con símbolos de movimiento y un sinfín de detalles a todo color. El pronosticador empieza con la descripción de las condiciones del tiempo en todo el país, y poco a poco se desplaza hacia el sector de Nueva Inglaterra. El mapa está tan cargado de información que, aún para el meteorólogo, es difícil de seguir.

1. Read the article again and identify five adjectives that are used.

   _____

   _____

   _____

   _____

   _____

2. **Comprensión de ideas**: Write *L* if the following observations pertain to weather forecasts in London and *B* if they pertain to Boston.

a. _____ Begins with an overview of national weather conditions.

b. _____ Is brief and to the point.

c. _____ The viewer doesn't need to listen.

d. _____ Utilizes many satellite images.

e. _____ Is complicated and hard to follow.

f. _____ Uses symbolic colors.

g. _____ Uses a wide variety of colors.

3. **Variaciones de palabras** Using your knowledge of weather-related vocabulary in Spanish, review the following words as they are used in the article and tell what they mean.

a. **lluvia** _____

b. **nubosidad** _____

c. **pronosticador** _____

I. **¿Qué piensas?** Use three adjectives to describe or give your opinion of each object or person shown. Write complete sentences.

1. _____

_____

_____

2. _____

_____

_____

3. _____
   _____
   _____

4. _____
   _____
   _____

5. _____
   _____
   _____

6. _____
   _____
   _____

Repaso

Position of adjectives

In Spanish, most adjectives are placed *after* the noun:

Acabo de comprar una motocicleta **nueva.**
Es una motocicleta **linda.**
Voy a ver una película **japonesa.**
Es una lección **fácil.**

J. **Yo quisiera...** Choose an adjective to describe the kind of each item mentioned that you prefer. Use the verb in parentheses to write your sentences. Follow the model.

MODELO: auto (tener)

   Quisiera tener un auto nuevo.

   o *Quisiera tener un auto barato.*   etc.

1. estéreo (tener)

_____

2. casa (tener)

_____

3. restaurante (comer en)

_____

4. museo (visitar)

_____

5. país (visitar)

_____

6. libro (leer)

_____

7. zapatos (comprar)

_____

8. viaje (hacer)

_____

Repaso

Position of two adjectives

When two adjectives modify the same noun, they are placed after the noun and connected to each other with **y:**

una escuela **buena y grande**
unos muchachos **inteligentes y responsables**

K. **Quiero algo especial y diferente.** You have very particular taste, so when you choose something, you describe exactly what kind you like. Use two adjectives to describe how you like each of the items indicated. Follow the model.

MODELO: mochila

Me gusta una mochila cómoda y grande.

1. película

_____

2. viajes

_____

3. calculadora

_____

4. restaurante

_____

5. libros

_____

6. coche

_____

7. personas

_____

8. comida

_____

9. novela

_____

CAPÍTULO TRES

¿CÓMO ES TU AMIGA?

Vocabulario

Para charlar

Para dar una descripción física de una persona

Tiene…

       los ojos azules / verdes / castaños / negros.

       el pelo corto / largo.

       la nariz grande / pequeña.

       bigote / barba.

Es…

       débil / fuerte.

       pálido(a) / bronceado(a).

Para describir la personalidad

Él (Ella) es…

activo(a) / perezoso(a).	idealista / realista.
ambicioso(a).	impaciente / paciente.
atlético(a).	independiente.
cómico(a).	intelectual.
deshonesto(a) / honesto(a).	perfecto(a).
discreto(a) / indiscreto(a).	tímido(a) / valiente.
generoso(a).	trabajador(a).

Vocabulario general

Sustantivos

un(a) nieto(a)

un(a) novio(a)

un(a) vecino(a)

Verbos

adorar

conocer

Adjetivos

casado(a)

soltero(a)

Otras palabras y expresiones

¡Cuidado!

le describe

parece

PRIMERA ETAPA

A. **¡Leamos!** Read the following fan letter to singer Glenn Medeiros, and his reply. Then do the exercises that follow.

MEDITERRÁNEO

¡Aloha, Glenn! Mi nombre es Marta y tengo 14 años. Para mí eres el chico más guapo que conozco. Yo soy de Castellón. Aquí en mi ciudad tenemos mar y hace un clima maravilloso. Me gustaría preguntarte algunas cosas: ¿Cuál es tu segundo apellido? ¿Dónde naciste? ¿Vendrás a Castellón? ¿Qué significa tu nombre en español? ¿Es cierto que vas a hacer una película con Tom Cruise? He hecho esta carta con todo mi amor. Me gustaría que no la tiraras. I love you.
Marta Castellón.

¡Aloha, Marta! Me ha gustado mucho tu carta y no la pienso tirar. La guardaré como recuerdo de una fan española divertida y con imaginación, porque es una carta diferente de las que me envían normalmente. Me haces un montón de preguntas. Intentaré responder a algunas: No sé si iré a Castellón, porque las giras las programan mis mánagers y a veces ni me entero. Ya sabes que, en realidad, los artistas tenemos muy poca libertad para hacer lo que deseamos. Pero estoy seguro de que es una ciudad muy bonita. Me he enterado que está en la costa mediterránea. A mí me encanta el mar. Ten en cuenta que yo nací en una de las islas del archipiélago Hawai, concretamente en Kauai, y desde pequeñito he vivido en contacto con él. Mi nombre completo es Glenn Alan Medeiros y creo que no tiene traducción al español. ¡Ah! y siento decepcionarte, pero de momento no hay ningún proyecto de película con Tom Cruise. Aunque nunca se sabe... Con todo mi amor.
Glenn Medeiros.

1. List in English three things that the fan wants to know about Glenn.

_____

_____

_____

2. Find four different adjectives that are used in the two letters.

_____

_____

_____

B. **¿Cómo son ellos?** Give a physical description of each of the people in the following drawings. Use at least three adjectives in each description. Follow the model.

MODELO: *Ella es joven. Tiene una nariz pequeña. Tiene el pelo largo y rubio. Ella es muy bonita.*

1. Ella es optimista. Tiene el pelo negro. Ella es feliz.

2. Él es viejo. Tiene una bigote ~~larga~~ y el neriz grande.

3. El tiene cara gordo. Tiene el pello amarillo y es alegre

4. _Él tiene el pelo largo. La cabasa es_
   pequeño y él es joven.
   _____
   _____

Repaso

The verb **conocer** (present tense)

yo	cono**zco**	nosotros(as)	conoc**emos**
tú	conoc**es**	vosotros(as)	conoc**éis**
él		ellos	
ella	} conoc**e**	ellas	} conoc**en**
Ud.		Uds.	

This verb is used to indicate an acquaintance or familiarity with someone, something, or some place.

C. **Los expertos** You're making a list of people to contact for information about various people, places, and things. Using the cues, construct sentences with the appropriate forms of **conocer.** Follow the model.

MODELO: mis padres / la ciudad muy bien

Mis padres conocen la ciudad muy bien.

1. yo / ese restaurante chino

   Yo conozo ese restaurante chino

2. Yolanda / la música latina

   Yolanda conoce la música latina

3. nosotros / al presidente de la universidad

   Nosotros al presidente de la univesidad
   conocemos

4. Uds. / a esa actriz famosa

   Uds. conocen a esa actriz famosa

5. mis abuelos / el castillo viejo

   Mis abuelos conocen el castillo viejo

6. tú / las películas de Woody Allen

   Tú conoces las películas de Woody Allen

7. el abogado / a Gloria Estefan

   El abogado conoce a Gloria Estefan.

D. **¿Saber o conocer?** Using the cues, construct sentences with the appropriate forms of **conocer** or **saber.** Follow the model.

   MODELO: Catalina / bailar

   Catalina sabe bailar.

1. Tomás y yo / a tus tíos

   Tomás y yo concemos a tus tíos.

2. yo / el Palacio de Bellas Artes en la ciudad de México

   Yo conozco el Palacio de Bellas Artes en la ciudad de México.

3. el arquitecto / los edificios en el centro

   El arquitecto conoce los edificios en el centro

4. tú / jugar al tenis muy bien

   Tú sabes jugar al tenis muy bien

5. la médica / que no estoy bien

   La médica sabe que no estoy bien

6. nosotros / una tienda no muy lejos de aquí

   Nosotros conocemos una tienda no muy lejos de aquí.

7. Alejandro / hablar portugués y alemán

   Alejandro sabe hablar potugués y alemán

8. Uds. / que no voy esta tarde

   <u>Uds. saben</u> que no voy esta tarde

9. yo / cuántos alumnos hay en la universidad

   Yo ~~saben~~ cuántos alumnos hay en la universidad

Repaso

The personal **a**

No conozco **a** la profesora.
Pedro no visita **a** su abuela hoy.
Laura y yo buscamos **a** su gato.
¿Ves **al** presidente?

When the direct object is a specific *human being* or *an animal that is personalized*, it is preceded by **a.** When the definite article in the masculine form follows the personal **a,** the contraction **al** is used.

E. **Un viaje que pienso hacer** Read Paula's travel plans and where necessary, insert a personal **a.**

Este fin de semana espero visitar __a__ mis tíos en Cuernavaca. Estoy mirando _____ mi calendario ahora porque quiero salir el viernes por la mañana. Voy a tomar _____ el tren que llega a la una de la tarde. Tengo que llamar __a__ mi tía ahora mismo para decirle cuándo los visito. No sé __al__ su número de teléfono, así voy a buscar _____ el número en la guía. No conozco __al__ Cuernavaca muy bien, y espero ver _____ mucho de la ciudad. También me gustaría visitar __a__ mis abuelos que viven bastante cerca de mis tíos.

SEGUNDA ETAPA

F. ¡Leamos! Read the following personal ads, then do the three exercises that follow.

■ **Ingrid Gerber.** Divorciada, 27 años, empleada comercial. Pisciana, deportiva, dinámica, romántica, con sentido del humor. Me gusta viajar y conocer otras culturas, los idiomas, la naturaleza, pasar veladas agradables con amigos. Desearía conocer a un hombre de 27–40 años, para amistad y quizás algo más.
Dirección: Rosengarten 8, 2000 Wedel/Holst, Alemania Federal.

■ **M.I.S.O.** Soltera, 24 años, soy comerciante y estudio leyes. Capricorniana, alegre, romántica. Deseo conocer a un hombre serio, sin compromisos, amante del hogar y del trabajo, comprensivo, tierno y romántico, con situación económica definida, para iniciar relación con intenciones serias y fines matrimoniales.
Dirección: Aptdo. Aéreo 20139 Cartagena, Colombia.

■ **Beatriz Parada.** Soltera, 26 años, administradora. Morena clara, atractiva, alegre, cariñosa y hogareña. Deseo conocer a joven rubio, de ojos azules, cariñoso.
Dirección: Casilla 2535, Sta. Cruz, Bolivia.

■ **Patricia Hernández Nájera.** Abogada, soltera, 23 años. Optimista, alegre, cariñosa, hogareña. No fumo ni bebo. Deseo correspondencia con hombres de 27–35 años que busquen compañera para quererla y respetarla.
Dirección: Valle de Cuquio #949, Col. Las Aguilas, C.P. 45080, Guadalajara, Jal., México.

1. Circle the name of each woman to whom the following characteristics apply.

romántica	Ingrid	Beatriz	Patricia	M.I.S.O.
soltera	Ingrid	Beatriz	Patricia	M.I.S.O.
alegre	Ingrid	Beatriz	Patricia	M.I.S.O.
deportiva	Ingrid	Beatriz	Patricia	M.I.S.O.
cariñosa	Ingrid	Beatriz	Patricia	M.I.S.O.
hogareña	Ingrid	Beatriz	Patricia	M.I.S.O.

2. How would you describe in English the men that the following women are interested in meeting?

Beatriz _____

M.I.S.O. _____

_____

_____

3. What other interests does Ingrid have?

_____

_____

G. **El carácter** Based on the drawings, describe each person's character.

MODELO: *Pablo es discreto.* _____

Pablo

Raquel

1. _____ Raquel es ~~des~~ generoso

Andrés

2. Andrés es un buen estudiante. _____

Mónica

3. Mónica es atletica _____

Raúl

4. Raúl es perezoso

Bárbara

5. Bárbara es tímida

Ernesto

6. Ernesto es dependiente

Diana

7. Diana es intelectual

Enrique

8. Enrique es guapo.

Victoria

9. Victoria es ~~feliz~~.
   casada

H. **Descripciones de perspectivas distintas** Write a short description of your personality. Then write how you believe your parents might describe you. Finally, write what you believe your best friend would say about you.

Yo ~~es Inteligente.~~ Yo ~~es~~ soy sincera, ~~y~~
realista, y activa.

_____

_____

Nuestro hijo(a) es enérgica y ~~perezoso~~ frívolo. Ella
habla mucho

_____

_____

Mi amigo(a) es ~~Mis amigos son simpáticos.~~
simpatía. Ella es ~~perezosa~~, generosa,
cómica y ambiciosa.

_____

Repaso

Ser para + pronouns

mí	me, myself	**nosotros(as)**	us, ourselves
ti	you (fam.), yourself	**vosotros(as)**	you (fam.), yourselves
él	him	**ellos**	them (masc.)
ella	her	**ellas**	them (fem.)
Ud.	you, yourself	**Uds.**	you, yourself

I. **Yo sé para quién es.** Your grandparents have sent gifts for your family, but they forgot to label them. Use the cues to identify the recipients. Follow the model.

MODELO: la cartera / yo / Susana

La cartera no es para mí. Es para ella.

1. las tarjetas / Uds. / Pedro

   Las tarjetas no son para Uds. son para él

2. la mochila / tú / Paquito

   La mochila no es para ti. Es para él

3. los discos compactos / Sara / yo

   Los discos compactos no son para Sara. son para mí.

4. la cinta / yo / tú

   La cinta no es para mi. Es para ti.

5. el póster / papá / Sara

   El póster no es para papá. Es para Sara.

6. la planta / Pedro y Paquito / mamá

   La planta no es para Pedro y Paquito. Es para mamá.

7. el televisor / vosotros / nosotros

   El televisor no es para vosotros

Repaso

Shortened adjectives **buen, mal, gran**

Es un **gran** regalo.	It's a *great* gift.
Es un regalo **grande**.	It's a *big* gift.
Es un **buen** ejemplo.	It's a *good* example. (no emphasis on how good)
Es un ejemplo **bueno**.	It's a *good* example. (emphasis on how good)
Es un **mal** día.	It's a *bad* day. (no emphasis on how bad)
Es un día **malo**.	It's a *bad* day. (emphasis on how bad)

J. **¿Cómo es?** Two friends disagree in their descriptions of certain people and things. Use the adjectives in parentheses to modify the nouns in the two ways indicated by the English cues provided, changing the forms as necessary.

MODELO: Es un teatro. (grande) / great / big

Es un gran teatro.

Es un teatro grande.

1. Es una raqueta. (bueno) / emphasis / no emphasis

   Es una ~~buenorosta~~ raqueta buena

   Es una buen raqueta

2. Es un hombre. (malo) / emphasis / no emphasis

   Es un hombre malo.

   Es un ~~mal~~ mal hombre.

3. Son unas preguntas. (bueno) / no emphasis / emphasis

   Son unas ~~preg~~ buen preguntas.

   Son unas preguntas bueno.

4. Es una idea. (malo) / emphasis / no emphasis

   Es una idea malo

   Es una malo idea

5. Son unas casas (grande) / big / great

   Son unas casas grande

   Son unas gran casas

6. Es un apartamento. (grande) / great / big

_____

_____

K. **Un retrato** *(portrait)* Choose a person whom you have not already talked about in this
chapter and write at least 10 sentences that describe his or her physical appearance and
personality. Don't forget to identify the person. Be kind!

_____

_____

_____

_____

_____

_____

_____

_____

_____

_____

_____

_____

_____

_____

_____

_____

_____

_____

_____

_____

El horóscopo

A. **¿Qué dice** *(does it say)* **mi horóscopo?** In some situations, instead of reading an entire text, you will read only the parts that concern or interest you. One example is your horoscope. When you read the horoscope section in a newspaper, you are likely to select only your sign and perhaps those of friends or family members. In the horoscope that follows, read only those signs that hold particular interest for you. It's not necessary to understand every word of the passage. (Remember, in Spanish dates the day precedes the month!)

Aries 22/3–20/4. Planeta: Marte. Color: Rojo. Ud. es idealista, siempre dispuesto *(ready)* a defender a los débiles. Ud. es un líder, conduciendo a otros a una meta *(goal)* aparentemente imposible. Su palabra clave es la acción. Siempre vive para el momento.

Tauro 21/4–21/5. Planeta: Venus. Color: Azul. Ud. es fuerte, fijo *(secure)*, sensato *(sensible)* y firme. Durante una crisis, cuando los otros se hacen en pedazos, Ud. se destaca *(stand out)* como una roca. Ud. es muy apegado *(devoted)* a la tierra y, como consecuencia, ama *(love)* la tierra y su hogar.

Géminis 22/5–22/6. Planeta: Mercurio. Color: Amarillo. Ud. tiene una personalidad excelente y un ingenio agudo *(keen mind)*. Ud. tiene una fuente inagotable *(inexhaustible source)* de energía nerviosa. Con toda esta energía, Ud. busca constantemente el cambio y la excitación.

Cáncer 23/6–23/7. Planeta: Luna. Colores: Violeta y azul. Ud. es sumamente emocional y sensible *(sensitive)*. Sus sentimientos son tan intensos que puede transmitirlos *(transmit them)* a otros. Al mismo tiempo, Ud. puede funcionar como una antena al captar *(win, attract)* las emociones de otros.

Leo 24/7–23/8. Planeta: Sol. Colores: Anaranjado y amarillo. Ud. es una persona muy soberbia *(proud)*. Ud. tiene un buen concepto de sí mismo. Se encuentra a gusto con la adulación, pero Ud. no es egocéntrico. En el fondo, Ud. es una persona buenísima y muy generosa.

Virgo 24/8–23/9. Planeta: Mercurio. Colores: Castaño y gris. Ud. es verdaderamente individualista. Se estremece *(shudder, shiver)* con sólo pensar que algún día tendrá que *(you will have)* depender de alguien para cualquier cosa. Por esta razón Ud. tiene una aversión a grupos grandes; su individualidad se pierde.

Libra 24/9–23/10. Planeta: Venus. Colores: Azul y rosado. Ud. es propenso a sentir diferentes emociones y algunas veces emociones que son totalmente opuestas. Busca la armonía, la verdad y la justicia. También tiene la capacidad de ver todos los aspectos de un problema. Le encanta discutir *(to argue)*.

Escorpión 24/10–22/11. Planeta: Plutón. Color: Rojo. Ud. posee una confianza *(confidence, assurance)* total en sí mismo. Sabe lo que Ud. es y también lo que no es. Las opiniones de otras personas no le importan realmente. Ud. tiene mucho aplomo *(confidence, poise)*.

Sagitario 23/11–22/12. Planeta: Júpiter. Color: Violeta. Ud. hace todo de una manera muy honesta. Ud. no tolerará ninguna mentira *(lie, falsehood)* o fraude. Ud. es inquieto y le encanta viajar. El peligro y la excitación le atraen *(attract you)*. En el fondo Ud. es atrevido *(daring)*.

Capricornio 23/12–19/1. Planeta: Saturno. Color: Azul y negro. Ud. siempre está buscando la manera de perfeccionarse o de avanzarse *(to get ahead)*. Admira a aquéllos que han triunfado *(have succeeded)* ya y piensa que se debe seguir ese camino probado *(proven path)*.

Acuario 20/1–19/2. Planeta: Urano. Color: Turquesa. Ud. necesita la libertad *(freedom)* de la mente y del cuerpo *(body)*. Aunque Ud. es generalmente amable *(friendly)* y tranquilo, le gusta ser un tipo rebelde. En el fondo, le gusta sobresaltar *(to stand out from)* a la gente *(people)* convencional.

Piscis 20/2–21/3. Planeta: Neptuno. Color: Verde. Ud. tiene una imaginación fantástica. Ud. es un soñador *(dreamer)* y ve todo de color rosa. Ud. tiene compasión por los enfermos *(sick)* y los débiles y tiene un gran deseo *(desire)* de ayudarlos *(to help them)*.

ATAJO In Spanish, write a brief summary of your personality according to the description in your horoscope. Then tell whether the personality traits fit or if they're wrong. Give some concrete examples to illustrate your agreement or disagreement.

_____

_____

_____

_____

_____

_____

_____

_____

B. **Mi amigo(a) nuevo(a)** You've just found a pen pal and are writing to introduce yourself. In Spanish, give a detailed description of your physical and personal characteristics. **ATAJO** You may also talk about your family and some of your interests. Some of the adjectives and sentences from **El horóscopo** in Exercise A might be helpful.

Querido (Querida) _____,

Me llamo _____

_____

_____

_____

_____

_____

_____

Hasta pronto,

_____

C. **Encontremos** *(Let's find)* **las palabras.** Circle all the adjectives that you can find in the following puzzle, then write them below. The adjectives may be read horizontally, vertically, or diagonally, either from left to right or from right to left. There are a total of twelve adjectives.

I	N	D	E	P	E	N	D	I	E	N	T	E
D	O	E	T	C	R	E	G	A	R	O	T	D
E	R	P	N	O	F	O	T	S	E	N	O	H
A	E	S	E	M	L	P	T	V	E	G	R	E
L	T	E	I	O	D	I	M	I	T	A	B	D
I	S	O	L	D	L	A	C	E	L	O	S	O
S	I	N	A	F	Z	A	L	E	G	R	E	G
T	R	A	V	C	P	E	H	J	Y	M	R	O
A	T	S	I	M	I	S	E	P	F	O	I	N
W	S	A	S	O	R	E	N	E	G	N	O	S

Adjectives found: _____

_____

Vamos a instalarnos

Planning Strategy

Your family's Mexican friends are visiting the United States, and they are having some difficulties communicating accurately in English. In particular, they need to find out how to get a hotel room when they travel. Suggest some words, expressions, and information to help them out.

1. When we're at the hotel desk, how do we ask for a room?

_____

_____

_____

2. What details do we have to give to get the room we want?

_____

_____

_____

3. How do we ask about meals?

_____

_____

4. Should we make sure there's a bathroom in our room?

_____

_____

5. What information is the desk clerk likely to want from us?

_____

_____

_____

CAPÍTULO CUATRO

BUSCAMOS UN HOTEL

Vocabulario

Para charlar

Para hablar de una habitación en un hotel

Yo quisiera…	una habitación	para dos personas.
Nosotros quisiéramos…		por tres noches.
Necesitamos…		con una cama matrimonial.
Buscamos…		dos camas sencillas.
Tenemos una reservación.		con baño.
		sin baño.
		en el primer piso.
		con televisor.
		con teléfono.

Para pagar la cuenta

¿Puede Ud. arreglar la cuenta?
¿Tiene Ud. la cuenta para la habitación 38?
Yo voy a pagar en efectivo.
        con cheques de viajero.
        con una tarjeta de crédito.

Temas y contextos

En el hotel

una alfombra
un ascensor
un baño (una sala de baño)
un bidé
una cabina de teléfono
un corredor
una cuenta
el desayuno (incluido en el
  precio o no incluido en el precio)
una ducha

el (la) empleado(a)
un espejo
una lámpara
un lavabo
una mesita de noche
el (primer, segundo, tercer,
  cuarto, quinto) piso
la planta baja
la recepción
el WC

Los números ordinales

el (la) primero(a) / el primer
el (la) segundo(a)
el (la) tercero(a) / el tercer
el (la) cuarto(a)
el (la) quinto(a)
el (la) sexto(a)
el (la) séptimo(a)
el (la) octavo(a)
el (la) noveno(a)
el (la) décimo(a)

Vocabulario general

Sustantivos	*Adjetivos*	*Verbos*	*Otras expresiones*
la calidad	cómodo(a)	clasificar	al fondo
la categoría	confortable	dormir (ue, u) (la siesta)	al menos
el confort	incluido(a)	llegar de (a)	¡Claro que no!
el lujo	simple	salir con	hay que pasar por…
el sistema de	útil	de	lo que dice
clasificación		para	la Guía Michelín
		subir	lo siguiente
			no permiten
			Vamos a ver.

PRIMERA ETAPA

A. **¡Leamos!** Read the following brochure for the Hotel Regente. Then indicate to the left of each statement whether it is **cierto** *(C)* or **falso** *(F)*. If the statement is false, correct it. If the statement is true, add a comment that gives more details about the statement.

Emplazamiento exclusivo:

El Hotel Regente es un hotel tradicional, de tamaño medio, situado en la Gran Vía (Avda. de José Antonio) madrileña y rodeado de Grandes Almacenes, tiendas de todo tipo, cómodos aparcamientos, cines, teatros, restaurantes y Salas de Fiestas.

A 2 minutos de tres estaciones de Metro y las principales líneas de Autobuses, se encuentra a un paseo (10/15 minutos) del Palacio y Teatro Real y del Madrid antiguo de la corte de los Austrias.

Modernas instalaciones:

El Hotel Regente renueva constantemente su equipamiento, manteniendo su tradi-

cional línea de decoración, que proporciona un ambiente clásico y señorial. Todos los elementos técnicos, ascensores, calefacción, red sanitaria, elementos de seguridad, etc… han sido sustituidos recientemente por el más moderno material y al nivel del máximo confort.

Atención personal:

Nuestro estilo es la atención individualizada, con personal profesional y amable cuyo promedio de servicios con nosotros supera los quince años. El equipo directivo, Conserjes, Camareros y resto del personal tienen el más alto concepto del trato deferente al cliente.

HOTEL REGENTE ★★★

Mesonero Romanos, 9
Tel. 521 29 41 (8 líneas) - Telex 415513 BOREG-E - 28013 MADRID

__F__ 1. El Hotel Regente es supermoderno. _El hotel es un hotel tradicional._

_____ 2. Este hotel está muy lejos de varios lugares turísticos. _____

_____ 3. Por lo general, hace muchos años que los empleados *(employees)* del hotel trabajan allí. _____

_____ 4. Hace quince años que renovaron *(they renovated)* el hotel. _____

__F__ 5. El metro está a diez minutos del hotel. _2 minutos_

__C__ 6. La decoración del hotel es clásica y tradicional. _____

Tres Reyes, jardines de la Taconera, ✉ 31001, ☎ 22 66 00, Telex 37720, Fax 22 29 30, ⏚, ⌇ climatizada – 🛗 ▣ 📺 ☎ 🚗 🅿 – �meeting 25/400. 🅰🅴 ⓞ 🄴 VISA. ✘ rest   AY **x**
Comida 4000 – ⛌ 1600 – **168 hab** 14100/17700 – PA 9500.

Blanca de Navarra, Av. Pío XII 43, ✉ 31008, ☎ 17 10 10, Telex 37888, Fax 17 54 14 – 🛗 ▣ 📺 ☎ 🚗 – 🚪 25/400. 🅰🅴 🄴 VISA ✘   X **e**
Comida 2700 – ⛌ 1100 – **102 hab** 11600/14600 – PA 5525.

NH Ciudad de Pamplona, Iturrama 21, ✉ 31007, ☎ 26 60 11, Telex 37913, Fax 17 36 26 – 🛗 ▣ 📺 ☎ 🚗 – 🚪 25/80. 🅰🅴 ⓞ 🄴 VISA. ✘ rest   X **a**
Comida 3500 – ⛌ 1050 – **117 hab** 22000.

Maisonnave, Nueva 20, ✉ 31001, ☎ 22 26 00, Telex 37994, Fax 22 01 66 – 🛗 ▣ rest 📺 ☎ – 🚪 25/60. 🅰🅴 ⓞ 🄴 VISA. ✘ rest   AY **e**
Comida 1600 – ⛌ 1000 – **152 hab** 18300/25000 – PA 3570.

Avenida y Rest. Leyre, av. de Zaragoza 5, ✉ 31003, ☎ 24 54 54, Fax 23 23 23 – 🛗 ▣ 📺 ☎. 🅰🅴 ⓞ 🄴 VISA JCB. ✘   BZ **a**
Comida (cerrado domingo noche) carta 2850 a 3800 – ⛌ 900 – **24 hab** 8900/13900.

Orhi sin rest, Leyre 7, ✉ 31002, ☎ 22 85 00, Fax 22 83 18 – 🛗 📺 ☎. 🅰🅴 ⓞ 🄴 VISA
⛌ 990 – **55 hab** 9700/14300.   BZ **c**

Eslava ⚓ sin rest, pl. Virgen de la O-7, ✉ 31001, ☎ 22 22 70, Fax 22 51 57 – 🛗 📺 ☎. 🅰🅴 ⓞ 🄴 VISA ✘   AY **m**
cerrado del 24 al 31 de diciembre – ⛌ 500 – **28 hab** 5000/10500.

B. **¿Qué hotel debo escoger** *(to choose)***?** You and your family are planning a vacation in the city of Pamplona. Look at the hotel descriptions from the ***Guía Michelin,*** and answer your family's questions about the various hotels. A key to the symbols can be found on page 139 of your textbook.

1. Which hotels have restaurants?

   _____

2. Which hotel costs the least?

   _____

3. Which hotel costs the most?

   _____

4. Which hotels have televisions in the rooms?

   Tres Reyes, Blanca de Navarra, NH Ciudad de Pamplona, Maisonnave, Avenida y Rest. Leyre, Orhi y Eslava

5. If your family wants a hotel with a swimming pool, which hotel should you choose?

   Tres Reyes

6. Which hotel doesn't take a credit card?

   none

C. **¿Qué clase de hotel van a escoger?** Based on the following drawings, describe the hotel each person or group would choose. Then mention the amenities listed in the *Guía Michelín* that would appeal to them.

MODELO: *Los Sres. Pelletier quieren un hotel de gran lujo y tradición. Quieren aire acondicionado, televisión en la habitación, comidas servidas en el jardín, garaje, golf etc.*

los Sres. Pelletier

la familia Brown

1. _____
   _____
   _____
   _____
   _____

el Sr. Lagos

2. _____
   _____
   _____
   _____

Mónica, Sara y Raquel

3. _____
   _____
   _____
   _____
   _____

el Sr. Hilkert

4. _____

_____

_____

_____

la Srta. Casona

5. _____

_____

_____

_____

Repaso

Ordinal numbers

el primero, la primera	**el sexto, la sexta**
el segundo, la segunda	**el séptimo, la séptima**
el tercero, la tercera	**el octavo, la octava**
el cuarto, la cuarta	**el noveno, la novena**
el quinto, la quinta	**el décimo, la décima**

Ordinal numbers agree in gender with and precede the nouns they modify. For dates, Spanish uses the ordinal numbers only for the first day of the month. The shortened forms **primer** and **tercer** are used before masculine singular nouns.

Abbreviated forms:

primero	1°	primera	1^a	primer	1er
segundo	2°	segunda	2^a		
tercero	3°	tercera	3^a	tercer	3er
cuarto	4°	cuarta	4^a		
quinto	5°	quinta	5^a		
etc.					

D. **Unos hispanohablantes en Nueva York** You're working as a guide at an information desk at the airport in New York. When Spanish-speaking tourists ask where a place is, you explain in Spanish on what corner **(esquina)** it is to be found.

MODELO: ¿Dónde está el Empire State Building? (5th / 33rd)

Está en la esquina de la quinta avenida y de la calle treinta y tres.

1. ¿Dónde está la Biblioteca Municipal de Nueva York? (5th / 42nd)

_____

_____

2. ¿Dónde está el restaurante P. J. Clarke's? (3rd / 55th)

_____

_____

3. ¿Dónde está esta librería? (1st / 36th)

_____

_____

4. ¿Dónde está esta farmacia? (10th / 84th)

_____

_____

5. ¿Dónde está este teatro? (8th / 52nd)

_____

_____

E. **Para reservar un cuarto** You and your family want to stay in the Hotel Inglés in Madrid. Because you're the only one who knows Spanish, it is your task to write to the hotel to reserve the rooms. (See page 146 of your textbook for the hotel's address.) Make sure to get enough rooms for all the members of your family and find out how much it will all cost. Don't forget to include the dates of your stay! Follow the model of the business letter on the next page.

14 de abril 1996

Los Tres Reyes
Jardines de la Taconera
Pamplona, España

Muy señores míos:

Quisiera reservar una habitación para una persona. Pienso estar en Pamplona por una semana, durante los días 17 al 24 de junio. Prefiero una habitación con baño.

En espera de sus gratas noticias a la mayor brevedad posible, atentamente les saluda,

Gerard Pace

Gerard Pace
482 Washington Street
Cleveland, OH 44114

SEGUNDA ETAPA

F. **¡Leamos!** Read the following passage, then do the exercises that follow.

Cuando viajas por España o por otros países, quieres conseguir un cuarto en un hotel de una, dos o tres estrellas, o tal vez en uno de cuatro estrellas si tienes bastante dinero. Esos hoteles son confortables, las habitaciones tienen a menudo un cuarto de baño o al menos un lavabo y un servicio, y casi siempre son impecables. Sin embargo, esos hoteles no siempre ofrecen al viajero la oportunidad de reunirse con otros viajeros, y por lo general, el viajero se siente aislado en su cuarto.

Para los jóvenes entre dieciocho y veintitrés años, hay otra posibilidad de hospedaje: los hostales. Hay muchos hostales por todas partes de España y Europa que dan la bienvenida a los jóvenes. Tienen la ventaja de no ser muy caros, tienen una cocina donde se puede preparar sus comidas, y, sobre todo, dan a los viajeros la posibilidad de encontrarse con jóvenes de todas partes del mundo. El ambiente es muy comunal: se cambian historias de viajes, se puede comer o preparar la comida juntos, se oyen todas las lenguas y se aprende muchísimo acerca de otros jóvenes.

Algunos hostales tienen cuartos individuales; otros tienen dormitorios comunes. El cuarto de baño común se encuentra al fondo del pasillo.

Los hostales son una buena solución para los jóvenes que quieren viajar pero no tienen mucho dinero. No son hospedajes de lujo, pero son confortables. Y sobre todo, jóvenes de todas las nacionalidades aprenden algo de las varias culturas distintas del mundo.

According to the information in the reading, decide which statements are true (**cierto**) and which are false (**falso**). Write *C* or *F* in the blank next to each statement.

___F___ 1. The main disadvantage of staying in a hotel is that you are often isolated in your room and don't get to meet many people.

___F___ 2. Young people between the ages of 16 and 23 are allowed into youth hostels.

___F___ 3. The youth hostels in Spain are primarily located near Madrid.

___C___ 4. Youth hostels are relatively inexpensive.

___F___ 5. Youth hostels can only be found in Spain. They don't exist in other European countries.

___C___ 6. In most youth hostels you can prepare your own food.

___C___ 7. Single rooms in hostels always have a bathroom.

Now, based on the context of the reading, can you guess the meanings of the following words?

la ventaja _____

cocina _____

ambiente _____

se cambian _____

se oyen _____

G. **Nuestra llegada a España** Imagine that you and your family went to Madrid last summer. Describe your arrival and how and when you got a hotel room. Use the suggested time sequence and verbs that follow. Then add appropriate information about what the hotel room looked like.

> **3h—llegar a Madrid / 3h30—ir al centro de información, pedir un cuarto, encontrar un cuarto en el Hotel Regente / 3h45—tomar un taxi para ir al hotel / 4h—entrar en el cuarto / En el cuarto había** (there was)...

Llegamos a Madrid a las tres. A las tres y media, _____

_____

_____

_____

_____

_____

_____

_____

_____

_____

_____

_____

_____

H. **Nos reunimos a las nueve.** The following travelers are meeting friends in Madrid. The people they are to meet are staying in the same hotel and arrive first. The travelers arrive late at night and leave messages at the desk for their friends, making plans about when to meet.

MODELO: Teresa → Beatriz / 11h30 / nº 35 (3er)/ 8h30, el restaurante

Beatriz,

Llegué a las once y media. Estoy en el cuarto número 35, en

el tercer piso. Vamos a reunirnos a las ocho y media en el

restaurante.

1. María Luisa → Ángela / 11h45 / nº 4 (PB) / 9h, el café

_____ ,

_____

_____

_____

_____

_____

_____

                           _____

2. Pablo y Francisco → Mónica y Yolanda / 12h / nº 26 (2º) / 8h recepción

_____ ,

_____

_____

_____

_____

_____

                           _____

I. **Un cuarto del hotel** You're staying in a very nice hotel in Buenos Aires. Based on the drawing, write a letter to your friends, describing your room in detail. Be sure to include the location of things (**al lado de, delante de, detrás de, enfrente de,** etc.).

_____
_____
_____
_____
_____
_____
_____
_____
_____
_____

Repaso

The preterite of the verb **dormir**

yo	**dormí**	nosotros(as)	**dormimos**
tú	**dormiste**	vosotros(as)	**dormisteis**
él ella Ud. }	**durmió**	ellos ellas Uds. }	**durmieron**

J. **Una encuesta** You have just conducted a survey of how many hours people slept last night. Write out the results of the survey according to your notes. Follow the model.

MODELO: los niños / 8 a 10

Los niños durmieron de 8 a 10 horas anoche.

1. mis amigos / 6 a 8

   _____

2. el hermanito de mi amigo / 9

   _____

3. el presidente / 8

   _____

4. mis padres / 7

   _____

5. mi profesor(a) / 5

   _____

6. yo / ?

   _____

K. **Una casa muy atestada** *(very crowded)* Your family had a number of relatives staying at your house last night. Since there weren't enough bedrooms for everyone, you had to find places for them all to sleep. Based on the information, indicate where different people slept. Follow the model.

MODELO: mi tío / la sala

   Mi tío durmió en la sala.

1. mi abuela / el cuarto de mis padres

   _____

2. mis padres / el patio

   _____

3. yo / el corredor

   _____

4. mi hermano / el baño

   _____

5. mis primos / la alfombra

   _____

L. **Nuestra reserva está confirmada.** You've just received a letter from the Hostal Goya, confirming your reservation. In English, answer the following questions about the letter.

Hostal Goya

Barrio de Santa Cruz

Habitación   Room   Chambre n.º_____

Mateos Gago, 31 - 41004 SEVILLA - Tlf. 421 11 70 - 421 40 08

21 de mayo, 1996

Muy señores míos,

Recibimos su petición de reserva del 13 del actual y tenemos el gusto de comunicarles que tenemos dos habitaciones dobles con baño para los días 21 al 25 de julio. La tarifa por cada cuarto será de 5.000 ptas. por día, incluido el desayuno que se sirve en nuestro comedor. Estamos seguros de que les va a gustar nuestro hotel y esperamos con gran placer su llegada.

Al llegar, ustedes podrán pagar con tarjeta de crédito, cheques de viajero o en efectivo.

Muy cordialmente,

Francisco Sello

Francisco Sello
Director

1. What is the date of the letter you sent to them?

   May 21, 1996

2. How many rooms did you reserve?

   two

3. Are these single or double rooms?

   double

4. For how many days do you want the rooms?

   4

5. How may you pay your bill?

   credit card or cash

6. How much is each room per night?

   5,000 ptas

TERCERA ETAPA

M. **¡Leamos!** The *Guía informativa de alojamientos hoteleros* has its own symbols for the services provided in Spanish lodgings. Look at the listings for hotels in Burgos, then use the explanation of the symbols on the next page to answer in English the questions that follow.

CATEGORIA Y GRUPO	ESTABLECIMIENTO	Temporada Alta Media Baja	N° HABITA-CIONES	HABITACION DOBLE		DESA-YUNO	COMIDA O CENA
				BAÑO	LAVABO		
1	2	3	4	5	6	7	8
	BURGOS ⌂ ▢ ◉ ⌐ ✉ ☏ ▪ ♥ $ ⚑ ⌐ ✛ ▬ ▵	☏ 860 ✗ 158.857					
H ★★★★★	**Landa Palace** ☺ ✗ ⚘ ⊞ ⚶ ⚓ ⌐ ✛ ◊ $ ▬ ▢ ⬠ ✳ ☏ ★ ✳ ✗ ⌐ ⊷ Ctra. de Madrid-Irún, km 236 Tel. 20 63 43 Dª María Victoria Landa Vicente	01/06 a 31/10 01/11 a 31/05	42	15.000 13.600		1.000	5.600
H ★★★★	**Almirante Bonifaz** ◉ ⊞ ✛ ⬜ ◊ ✳ ▬ ▢ ☏ ⊕ ★ ✗ ♪ ⊷ Vitoria, 22 y 24 tel. 20 69 43 T 039430 halb Dª Mª Asunción Ubierna Diez	01/01 a 31/12	79	11.000		600	
H ★★★	**Del Cid** ◉ ⊞ ⌐ ✛ ⬜ ◊ $ ⬠ ✳ ▬ ☏ ★ ✗ ✗ ⌐ ⁚ ⊷ Pza. Santa María, 6 Tel. 20 87 15 D. José López Alzaga	01/01 a 31/12	29	9.250		700	3.000
H ★	**Villa Jimena** ◉ ☺ ⊘ ⊞ ⚶ ⬜ ◊ ▬ ⌐⌐ ⬜ ☏ ⌐ ✗ ▬ ⊷ Paseo Pisones, 47 Tel. 20 74 30 D. Emilio Bustamante González	01/03 a 30/09 01/10 a 28/02	23	4.400 4.000		400	1.750
HR ★★★	**Asubio** ◉ ⊞ $ ▢ ✗ SS Carmen, 6 Tel. 20 34 45 D. José Miguel Comes Azcárate	01/06 a 30/09 01/10 a 31/05	30	4.750 4.000		425	
H ★★	**Burgalés** ⊞ ✗ San Agustín, 7 Tel. 20 92 62 Dª Inmaculada Barrios Palacios	01/06 a 30/09 01/10 a 31/05	7	2.500 2.200		225	1.050
HR ★★	**Flora, La** ◉ ☺ ▬ ⊞ ✗ Huerto del Rey, 18 Tel. 20 59 40 Dª Antonia González Ruiz	01/06 a 30/09 01/10 a 31/05	5		1.900 1.700		

GUIA DE HOTELES
EXPLICACION DE NUMEROS, SIGNOS Y SIMBOLOS

1. **Grupo y categoría:**
   H: Hotel - **HR:** Hotel Residencia - **HA:** Hotel Apartamentos - **RA:** Residencia Apartamentos - **M:** Motel - **H:** Hostal - **P:** Pensión - **HR:** Hostal Residencia.
2. **Modalidad:**
   PY: Playa - **AM:** Alta montaña - **B:** Balneario - **T:** Temporada.
3. **Nombre de la localidad** (**C:** Capital de la provincia) y signos distintivos de sus servicios.

   ↑   Altura sobre el nivel del mar.

   ⚡   Número de habitantes.

   →   Distancia a la capital de la provincia.

🏛	CIUDAD MONUMENTAL	⌐	TELEGRAFO		GASOLINERA	↓	PLAYA CERCANA
▫	MUSEOS	✈	AEROPUERTO		CAZA	⊙	PLAZA DE TOROS
⋈	CORREOS		FERROCARRIL		DEPORTES NAUTICOS	♠	CASINO
(	TELEFONO		PUERTO		PESCA		

Nombre del establecimiento y signos distintivos de sus servicios, dirección urbana, teléfono, dirección telegráfica y télex, nombre del director.

◉	SITIO CENTRICO	⌐	SALA DE CONVENCIONES	▤	PARQUE INFANTIL
✿	SITIO PINTORESCO	✚	MEDICO	◫	HABITACIONES CON SALON O SUITES
I	EDIFICIO HISTORICO	⛵	PISCINA INFANTIL	✳	AIRE ACONDICIONADO EN SALON
⊛	GARAJE	▢	CUSTODIA DE VALORES	▫	FRONTON
⇐	BUS A ESTACION	⚐	CAJA FUERTE INDIVIDUAL	▫	TELEVISION
▥	CALEFACCION	△	BAR	(H	TELEFONO EN LA HABITACION
⚘	JARDIN	⊟	SAUNA O GIMNASIO	⊕	BINGO
⚲	GUARDERIA	$	CAMBIO DE MONEDA	★	AIRE ACONDICIONADO EN COMEDOR
♿	ACCESOS MINUSVALIDOS	i	TIRO AL BLANCO	✸	AIRE ACONDICIONADO EN HABITACIONES
⚲	CINE	▫	PISTA DE HIELO	⊥	EQUITACION

4. **Temporadas:**
   Comprende los períodos en que se divide el año turístico, especificando períodos excepcionales (Navidad - N, Semana Santa - SS, Fiestas Locales - FL, Diversos - *).
5. **Número de habitaciones.**
6. **Precios en habitaciones dobles con baño.**
7. **Precios en habitaciones dobles con lavabo.**
   En las categorías de Hoteles de tres, dos y una estrella y hostales y pensiones de tres, dos y una pueden existir otras habitaciones dotadas de medio baño y ducha con precios diferentes a los que figuran en Guía.

El precio de la habitación individual oscila entre el 60 y el 70 % del de la doble.

8. **Precio del desayuno.**
9. **Precio de la comida o cena:**
   El precio de la pensión alimenticia no puede ser superior al 85 % del de la suma de los servicios sueltos (desayuno+comida+cena).
10. **IVA.**

1. Which places *do not* have different rates for different times of the year?

   _____

2. Which place(s) has (have) the most rooms? The fewest?

   _____

3. Which place offers the least expensive breakfast? How much is it?

   _____

4. Where could you get an inexpensive room with only a sink?

   _____

5. Do any of the places provide phones in each room?

   _____

6. Which place is an historical building?

   _____

7. Which places have garages?

   _____

N. **La cuenta del hotel** Answer the following questions about the hotel bill.

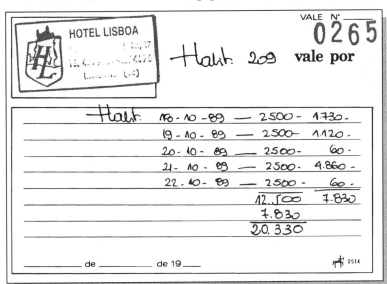

1. ¿Cuántas noches pasó la persona en este hotel?

   _____

2. ¿En qué habitación?

   _____

3. ¿Cuánto costó por noche?

   _____

4. ¿Cuándo salió del hotel?

   _____

Repaso ————————————————————————————————

The verbs **salir** and **llegar**

	Present		Preterite	
yo	**salgo**	llego	salí	**llegué**
tú	sales	llegas	saliste	llegaste
él ella Ud.	sale	llega	salió	llegó
nosotros(as)	salimos	llegamos	salimos	llegamos
vosotros(as)	salís	llegáis	salisteis	llegasteis
ellos ellas Uds.	salen	llegan	salieron	llegaron

O. **¿Qué forma?** Use the appropriate tenses and forms of **salir** and **llegar** to complete the following sentences. Read the entire sentence first to determine if the present or preterite is required.

salir

1. Maribel _____ del centro a las once anoche.

2. Yo _____ para la pastelería ahora.

3. Josefina y yo _____ con mis primos anteayer.

4. ¿Cuándo _____ tú de casa esta mañana?

5. Uds. _____ el sábado pasado, ¿verdad?

6. La médica _____ para el hospital hace media hora.

llegar

7. El avión _____ en treinta minutos.

8. Nosotros _____ tarde del cine anoche.

9. Mis tíos siempre _____ a tiempo.

10. Andrés _____ a Quito la semana pasada.

11. Yo _____ ayer por la mañana.

12. Tu hermano _____ en una hora, ¿no?

P. **El itinerario** Based on the following information, write travel plans for each person indicated. Supply specific information and write the plans in both the present and preterite. Follow the model.

MODELO: El Sr. Robles / Quito (hoy) / aeropuerto (mediodía) / casa (5h) / Quito (avión)

El Sr. Robles sale de Quito hoy. Sale para el aeropuerto al mediodía. Llega a casa a las cinco. Llega de Quito en avión.

El Sr. Robles salió de Quito hoy. Salió para el aeropuerto al mediodía. Llegó a casa a las cinco. Llegó de Quito en avión.

1. Yo / café (esta mañana) / centro (9h) / plaza (10h) / café (a pie)

   _____

   _____

   _____

   _____

2. Los Salazar / Buenos Aires (esta tarde) / estación (2h) / las montañas (8h) / Buenos Aires (tren)

   _____

   _____

   _____

   _____

3. Tú / escuela (esta tarde) / centro (2h30) / restaurante (2h45) / escuela (bicicleta)

   _____

   _____

   _____

   _____

4. Mi hermana y yo / casa (esta noche) / metro (7h15) / fiesta (7h45) / casa (metro)

   _____

   _____

   _____

   _____

5. Mariluz / piscina (esta mañana) / escuela (7h30) / clase (8h) / piscina (coche)

   _____

   _____

   _____

   _____

CAPÍTULO CINCO

UN AÑO EN CASA DE LOS ÁLVAREZ

Vocabulario

Para charlar

Para hablar del horario

llegar a tiempo
llegar tarde
llegar temprano
en (veinte minutos, etc.)
por (una hora, etc.)
hace (un año, dos días, etc.)
un cuarto de hora
media hora
tres cuartos de hora
diez (etc.) minutos

Para decir que extrañamos a alguien

Te extraño
Los extraño

Para dar las gracias
Les agradezco.
Les agradezco con todo el corazón su hospitalidad.
Mil gracias por…
Muchas gracias por…

Temas y contextos

Los muebles de una habitación

una cama
un clóset
una cómoda con dos cajones
                        cuatro cajones
un escritorio

un estante
una lámpara
una silla
un sillón

Vocabulario general

Sustantivos

un dulce
la edad
un estado
un país
un programa de intercambio
una salida

Verbos

beneficiarse
extrañar
lavar
perfeccionar

Adjetivos

amable

Otras palabras y expresiones

un abrazo
despedirse de su amigo(a)
durante
en todo caso
espero que Uds. puedan visitar
el jabón
lo muestra

lo lleva
lo recoge
prestar atención
querido(a)
queridos(as)
la ropa sucia
una toalla

PRIMERA ETAPA

A. **¡Leamos!** Read the following excerpt from a brochure on exchange programs, then answer in English the questions that follow.

INGLÉS EN ESPAÑA

NORMAS DEL ALUMNO

1. Levantarse a la hora señalada y arreglar su habitación.
2. Acudir puntualmente a las distintas clases y actividades.

> **3. Procurar ser feliz y gozar al máximo cada día.**

4. Comunicar a su tutor todo aquello que no le satisfaga y lo que necesite, para que se lo proporcione rápidamente, si es posible.
5. Participar en todos los actos que pueda y desee.
6. Considerar al tutor como el representante y continuador de su familia.

> **7. Esforzarse por hablar inglés en los tiempos señalados.**

8. Llevar siempre a clase el cuaderno de tareas diarias.
9. Escribir un diario con referencias, datos y su opinión sobre el desarrollo del programa y estancia.
10. Cuidar con cariño todo el material pedagógico y deportivo, así como las distintas dependencias. Y gastar su dinero racionalmente, siempre de acuerdo con el tutor.

Helpful vocabulary: **arreglar** — to arrange, straighten up; **satisfaga** — please, satisfy; **referencias** — accounts; **datos** — facts.

1. What language are these students learning?

   _____

2. What is the student expected to do upon awakening?

   _____

3. What should the student bring to class?

   _____

4. Whom should the student inform of any problems?

   _____

5. What should the student write in his or her diary?

_____

6. What items should the student be careful with?

_____

B. **Un programa de intercambio** Fill in the following form to apply for an exchange program in Valencia.

PROGRAMA DE INTERCAMBIO

Apellido: _____

Nombre: _____

Edad: _____

Dirección: Calle_____

               Ciudad_____

               Estado _____

               País_____

Teléfono: _____

Nombre de sus padres: _____

Escuela: _____

Viajes al extranjero:

¿Ha vivido en el extranjero?   Sí _____   No _____

¿Ha visitado el extranjero?   Sí _____   No _____

País: _____   Duración de la visita: _____

          _____   _____

          _____   _____

En Valencia, prefiero vivir _____ con una familia.

_____ en una pensión con otros estudiantes norteamericanos.

Escriba un párrafo en el que explique por qué quiere estudiar en una escuela española.

_____

_____

_____

_____

_____

_____

Repaso

Some time expressions

1. To express the ideas of *early, on time,* or *late,* use the expressions **temprano, a tiempo,** or **tarde.**

2. To indicate when a future action will take place, use **en (en cinco minutos).**

3. To indicate how long ago something took place, use **hace (hace dos años).**

4. To indicate for how long an action continued, use **por (por una hora).**

5. To express parts of an hour, use the following expressions:

un cuarto de hora	*a quarter of an hour*
media hora	*half an hour*
tres cuartos de hora	*three quarters of an hour*
diez minutos	*ten minutes*
cuarenta minutos	*forty minutes*

C. **Mi fiesta comienza a las cuatro.** Use the time expressions you've learned to answer the following questions. Remember that the party starts at *4:00 P.M.*

1. Ahora son las dos. ¿En cuántas horas va a comenzar la fiesta?

_____

2. Todavía tengo mucho que hacer. Ahora son las dos y media. ¿En cuánto tiempo va a comenzar la fiesta?

_____

3. Julita vive al lado de mi casa. Ahora son las cuatro menos diez. Está saliendo de su casa ahora. ¿Va a llegar tarde a la fiesta?

_____

4. Emilio vive lejos. Ahora son las cuatro menos cinco y él está saliendo de su casa. ¿Va a llegar a tiempo a la fiesta?

_____

5. Mis primos van a llegar a la fiesta a las cinco menos cuarto. ¿Van a llegar temprano?

_____

6. Mi hermano tiene que salir de la fiesta a las seis para ir a jugar al fútbol. ¿Por cuánto tiempo va a estar en la fiesta?

_____

7. Ahora son las cinco. ¿Hace cuánto tiempo que comenzó la fiesta?

_____

D. **Éste es mi cuarto.** In one of your letters to your Mexican pen pal, you send a drawing of your room showing all your furniture and belongings. In the space that follows draw a floor plan of your room and identify each piece of furniture according to its location in your room. If you're artistic, you can also draw the pieces of furniture.

E. **El día de Rosa** Answer the questions about Rosa's day based on the information in the drawings.

1. ¿Durmió ella bien anoche?

_____

2. ¿A qué hora salió de casa?

_____

3. ¿Dónde tomó el desayuno?

_____

4. ¿Cómo llegó a su trabajo?

_____

5. ¿A qué hora llegó a su trabajo?

_____

6. ¿A qué hora salió de su trabajo?

_____

7. ¿Por cuánto tiempo trabajó hoy?

_____

8. Ahora son las seis y media. ¿Hace cuánto tiempo que salió de su trabajo?

_____

9. Ella llega a casa a las siete. Son las seis y media. ¿En cuánto tiempo va a llegar ella?

_____

SEGUNDA ETAPA

F. **¡Leamos!** Read the following thank-you letter. Then do the exercise that follows.

Guadalajara, 15 de septiembre

Querida Ana,

   Hace tres días que llegué a casa de mi visita a México
y el trabajo comienza en dos días. Quiero agradecerte
muchísimo tu hospitalidad y le quisiera agradecer también
a tu esposo. Pasé un mes muy agradable con Uds. y espero
verlos en mi casa para la Navidad *(Christmas)*.
   Cuando salí de su casa, primero fui a la capital antes
de visitar Veracruz. Visité a unos amigos norteamericanos
que trabajan y viven allí y pasé tres días con ellos. Por
fin llegué a San Antonio y ahora preparo mis clases que
comienzan en dos días. Tengo tres clases de inglés y dos
clases de historia europea. Es mucho trabajo, pero me
encanta.
   Un abrazo fuerte para los niños. Escríbeme para confir-
mar nuestros planes para las Navidades.
   Otra vez, muchísimas gracias por todo.

Con cariño,

Alejandra

---

1. What is the profession of the writer? What information supports your answer?

   _____

2. What is the writer presently doing?

   _____

3. Is the recipient of the letter married or single? How do you know?

   _____

4. How much time did the writer spend with Ana?

   _____

5. What plans did they make for a future meeting?

   _____

G. **Una carta de agradecimiento** You've just spent a month in Buenos Aires with friends of your family. Now that you're back, write a letter to thank your Argentine friends. Use the letter format in your textbook as a guide. Suggestion: you might want to talk about the highlights of your trip or what you're doing now.

ATAJO

_____

_____,

_____

_____

_____

_____

_____

_____

_____

_____

_____

_____

Repaso

The 24-hour clock

Official time		Conversational time	
8:10	ocho horas y diez	8:10 A.M.	las ocho y diez
10:30	diez horas y treinta	10:30 A.M.	las diez y media
16:40	dieciséis horas y cuarenta	4:40 P.M.	las cinco menos veinte
22:45	veintidós horas y cuarenta y cinco	10:45 P.M	las once menos cuarto

H. **¿Qué hora es?** Convert the following official times into conversational time. Write out your answers in Spanish.

1. 13:10 _____

2. 16:45 _____

3. 19:30 _____

4. 21:50 _____

5. 23:25 _____

I. **¿A qué hora?** Most Americans are not used to reading times on the 24-hour clock. While in Spain, you answer your parents' questions by translating the times in the following announcements into conversational time.

COLEGIO MONTFORT

ABIERTA MATRICULA
CURSO 1990-91

Internado selecto y mediopensionado para ambos sexos

CURSOS DE VERANO*

INGLES INTENSIVO

Durante el mes de JULIO

Como en los Colegios Británicos
◆ Un mes hablando, jugando y pensando en inglés
Profesores nativos
◆ Conversaciones intensivas con películas, vídeo, TV

* También Cursos de RECUPERACION DE ASIGNATURAS

INFORMACION
LOECHES (Madrid)
Telfs.: 91/ 885 10 12-37
885 13 77-78
Fax: 91/885 16 02
Horario oficina
Sábados y festivos:
11 a 14 horas.

DURAN
Exposiciones de Arte

Serrano, 30
Tel. 431 66 05
28001 Madrid

JOSE FERNANDEZ LAMAS
mayo

Horario: 11 a 13,30 y 18 a 20 horas
Sábados: 11 a 14 horas

TELE-5

14,45 VIP
Juego presentado por José Luis Moreno en el que dos concursantes deben hacer las tres en raya con nueve famosos.

15,30 Los Mundiales y sus goles.

15,45 Cine Corazón
«Brigada 21». Policiaca. 1951.
USA. Blanco y negro. Ciento tres minutos. La acción transcurre en una Comisaría de Nueva York durante veinticuatro horas. Allí trabaja un detective, un hombre con ideas un tanto radicales sobre lo que está bien y mal. Sin embargo, en su trato cotidiano con los delincuentes se da cuenta de que va perdiendo su humanidad y su honradez.

17,15 Alicia
Serie. Tommy, el hijo de Alicia, no se comporta muy bien en casa, por lo que Mel idea un plan para llevarle por el buen camino.

17,45 Superguay
«La Abeja Maya», «Dos fuera de serie», «Lassie».

19,30 Vacaciones en el mar.
Serie. Con Gavin McLeod, Lauren Tewes, Bernie Kopell, Ted Lange y Fred Grandy.

20,30 Campeones.
Dibujos. Finalmente, Julián consigue el 3-2 y con este resultado finaliza el encuentro.

20,57 Avance informativo.

21,00 Telecupón.

21,25 Su media naranja.
Juego presentado por Jesús Puente en el que tres parejas deben mostrar su grado de compenetración.

22,00 Los Mundiales y sus goles.

22,15 Gran pantalla TV.
«Lazos de sangre» (capítulo segundo). La tía Hortense trae unas fotos recientes de Lilí, que ya tiene cuatro años, y discuten cuál de ellas está más preparada para llevársela a casa. Sin embargo, cada una tiene una excusa para que la niña siga con sus padres adoptivos.

23,45 Entre hoy y mañana.
Informativo. Dirige y presenta Luis Mariñas,

0,02 «Hablando se entiende la gente», con José Luis Coll.

1,20 Madrugada pop.
Concierto pop.

2,00 Cierre de emisión.

1. During what hours is the Durán art gallery open during the week?

   _____

2. During what hours is the gallery closed in the afternoon?

   _____

3. What time does the gallery close on Saturdays?

   _____

4. During what hours is the Colegio Montfort open on Saturdays and holidays?

   _____

5. At what two different times can we watch "Los mundiales y sus goles"?

   _____

6. When can we watch the movie, "Brigada 21"?

   _____

7. What time does the station stop broadcasting?

   _____

CAPÍTULO SEIS

BUSCO UN APARTAMENTO

Vocabulario

Temas y contextos

Los anuncios en el periódico para una casa o un apartamento

aire acondicionado
(completamente) amueblado
la cocina
el comedor
el dormitorio
el estacionamiento

el garaje (para dos coches)
el jardín
la sala de estar
la terraza
vacío(a)

La cocina y los muebles

las cortinas
el cuadro
la cuchara
el cuchillo
la estufa
el horno (de microondas)
el plato

el refrigerador
la servilleta
el sofá
la taza
el tenedor
el tostador
el vaso

Vocabulario general

Sustantivos

el alquiler
el espacio
el periódico
el plan
la ventana

Verbos

arreglar
cocinar
decir
poner
revisar

Adjetivos

increíble

Otras palabras y expresiones

¿Cómo se dice... ?
contra la pared
decir que sí (no)
m² (metros cuadrados)
para decir la verdad
¿Qué dijiste?
querer decir

PRIMERA ETAPA

A. **¡Leamos!** Read the following advertisement, then answer in English the questions on the next page.

1. In what city is the company based?

   _____

2. What room comes furnished?

   _____

3. How many bedrooms do the various units have? How many bathrooms?

   _____

4. What places are located near this complex?

   _____

5. What does the expression **están a su alcance** mean? (Hint: Look at the meaning of the sentence that follows this phrase.)

   _____

6. Are these units for sale or for rent? What information supports your answer?

   _____

B. **¿Qué quieren decir?** The following abbreviations are commonly used in apartment or house descriptions in Spanish classified ads. Write the word or words in English that correspond to each abbreviation.

   1. drm.   dormitorio
   2. gar.   garaje
   3. tel.   teléfono
   4. pisc.   piscina
   5. m²   sq. meter
   6. asc.   ~~acensor~~ acensor
   7. aire   aire acondicionado
   8. com.   comedor
   9. terr.   terraca
   10. jar.   jardín
   11. vac.   vacío
               (Empty)

C. **Los anuncios del periódico** Briefly describe in Spanish each house or apartment listed in the following ads. Don't worry about including everything in the ads. Simply use the words that you've already learned and list only the major features of each.

ATAJO

---

① BY OWNER

Super quality living can be yours in this custom built home- Smithfield St. Spacious master bdrm suite, + 3 lg bdms, LR w/fireplace, huge kitchen, 2½ baths, 2400 sq. ft. + 500 sq. ft. finished bsmt, deck & patio, view of Mt. Nittany, near park. $149,500. Principal only. 238-5572.

② 615 Townhouses

2 BDRM TOWNHOUSE

5 min from campus, 10 from Nittany Mall. Near bus line, shopping, in Woodycrest. Incl 2 lg bdrms.1½ baths, attic, bsmt, microwave, dishwasher, Jennaire grilling range, refrig., w/d hookups. Whole-house fan, sundeck &

greenhouse window. Sewer & water paid. Kids, pets ok. $470+ deposit, lease. 238-0229 after 10:30 am to see. Avail Jan 1

③ OPEN HOUSE

SUNDAY, APRIL 12 From 12-6

Large 3 bedroom Cape Cod beautifully landscaped on 2.35 acres just 5 miles from State College in Walnut Grove Estates. Large country-style kitchen, 2 full baths, large dining room, large living room and extra large 2-car garage w/storage loft above.

(Follow the signs) Through Houserville on Houserville Road to Rock Road, turn left and go approx. ½ mi. to Big Hollow Road. Turn left again and go approx ¾

mi. to Walnut Grove Drive. Turn right and our house is the second house on the left.

④ LG 2 Bdrm apt in SC w/personal entrance. Kitchen & apliances, dining room, 1½ baths & balcony. New carpet. No pets. Sublet to 9'88. $390/mo. Call 238-0573

⑤ IMMACULATE

This spacious well-built 3-4 bdrm home features a family room w/fireplace, living room, formal dining room, eat-in kitchen, 2½ baths, 2-car garage & much more. Pleasantly situated in a Park Forest cul-de-sac. Priced to sell at $139,00.

Phone 234-3310
No Realtors please

---

1. _____

_____

_____

2. _____

_____

_____

3. _____

_____

_____

4. _____

_____

_____

5. _____

_____

_____

Repaso

Preterite tense of **–ir** verbs

Present		**Preterite**	
yo	**digo**	yo	**dije**
tú	**dices**	tú	**dijiste**
él ella Ud. }	**dice**	él ella Ud. }	**dijo**
nosotros(as)	**decimos**	nosotros(as)	**dijimos**
vosotros(as)	**decís**	vosotros(as)	**dijisteis**
ellos ellas Uds. }	**dicen**	ellos ellas Uds. }	**dijeron**

D. **¿Qué dicen?** Because there's a lot of background noise, you and your friends have to clarify what you are saying. Complete the following sentences using the verb **decir.** In the first set of sentences, use the present tense. In the second set, use the preterite.

present

1. ¿Qué _____ Uds.?

2. Yo ___*digo*___ que tengo un apartamento.

3. Mis padres ___*dicen*___ que están contentos.

4. ¿Y qué ___*dices*___ tu novia?

5. Ella ___*dice*___ que le gusta mucho.

preterite

6. ¿Qué ___*dijiste*___ tú al profesor?

7. Yo ___*dije*___ que no voy a estar en clase mañana.

8. Él ___*dijo*___ que tenemos un examen.

9. Nosotros ___*dijimos*___ que el examen debe ser fácil.

E. **No te oigo** (*I can't hear you*). Use the verb **decir** to explain that the person(s) indicated didn't hear what was said in each of the following situations. Use both the present tense and the preterite of **decir.** Follow the model.

MODELO: Roberto llegó anoche. (ellos)

¿Qué dicen ellos?

¿Qué dijeron ellos?

Dijeron que Roberto llegó anoche.

1. Los niños no están contentos. (ella)

¿Qué dice ella?

¿Qué dijo ella?

2. Yo salgo mañana. (tú)

¿Qué dices tú?

¿Qué dijiste tú?

3. Mónica habla mucho. (ellos)

¿Qué dicen ellos?

¿Qué dijeron ellos?

4. Nosotros encontramos un apartamento. (Uds.)

¿Qué dicen Uds?

¿Qué dijeron Uds?

Repaso

Expressions with **decir**

para decir la verdad	*to tell the truth*
¿Qué quiere decir... ?	*What does . . . mean?*
¿Cómo se dice... ?	*How do you say . . . ?*
¿Qué dijiste?	*What did you say?*
decir que sí (no)	*to say yes (no)*

F. **Una conversación corta** Complete the following conversation, using the appropriate forms of **decir** and expressions with **decir.**

—¿Llamaste por teléfono a la familia venezolana?

—Sí, llamé anoche.

—¿Qué _dijeron_ ellos?

—El Sr. Roque _dijo_ que quieren venir a California. Pero, _____, no tienen el dinero para pagar el viaje para toda la familia.

—¡Qué lástima! ¿Y Jorge y Bárbara? ¿Qué _dicen_ (present) ellos?

—Bárbara _dice_ (present) que ella va a estudiar inglés aquí en los Estados Unidos y que quiere hacer el viaje.

—¿Qué _dijiste_ ella por "estudiar inglés aquí en los Estados Unidos"?

—Creo que ella quisiera pasar un año en nuestro colegio, pero creo que su padre va a _decir que no_.

G. **Mi apartamento / mi casa** In a letter to your Costa Rican friend, you describe your apartment or house. Talk about how many rooms you have, what they are, what floor you live on, whether you have a garage and / or yard, how far your home is from school, and so on.

ATAJO

SEGUNDA ETAPA

H. **¡Leamos!** In Spanish, list as many as you can of the pieces of furniture and related items that you see in the ads. Then answer the questions on the next page.

CAMA LITERA
Mod. 4450-0
Sin Equipar
Reg. $199.00
ESPECIAL $177.00
AHORRE $22.00

3 STAR MFG., CO.
PAGO MENSUAL
$6 67

JUEGO DE SALA
Sofá, sillón, butaca,
mesa de centro y 2 de esquina

Mod. 2900-0
Reg. $929.00
ESPECIAL $777.00
AHORRE $152.00

3 STAR MFG., CO.

6 Piezas

PAGO MENSUAL
$29 44

JUEGO DE COMEDOR
Mesa ovalada, 4 sillas y 2
butacas tapizadas en
fina tela.

Mod. 4005-0
Reg. $1.149.00
ESPECIAL $977.00
AHORRE $172.00

PAGO MENSUAL
$36 97

CHINERO
Mod. 4005-0
Chinero en
combinación

Reg. $829.00
ESPECIAL $677.00
AHORRE $152.00

PAGO MENSUAL
$25 67

Bassett

_____

_____

_____

_____

_____

_____

_____

_____

_____

_____

_____

_____

_____

1. What do you think the expression **pago mensual** means?

   _____

2. How do you think a **butaca** differs from a **silla**?

   _____

3. What does the word **ahorre** mean?

   _____

4. What is the Spanish word for _table_? For _coffee table_?

   _____

5. What does the term **cama litera** mean?

   _____

I. **El plano del apartamento** Label the rooms in the following floor plan.

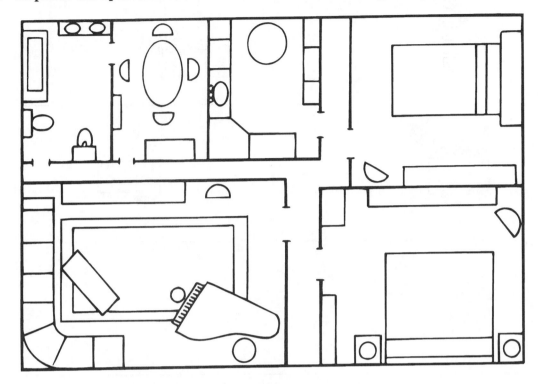

J. **Nuestros muebles** Label each of the following pieces of furniture and kitchen items.

50.000

35.000

1. _____

2. _____

5.000

40.000

3. _____

4. _____

7.000

8.500

5. _____

6. _____

7. _____   8. _____

9. _____   10. _____

11. _____

K. **¿Cuánto cuestan?** Now tell the price of each item in Exercise J. The prices are given in pesetas. The first one has been done for you.

1. _El sofá cuesta 50.000 pesetas._____

2. _____

3. _____

4. _____

5. _____

6. _____

7. _____

8. _____

9. _____

10. _____

11. _____

Repaso

The verb poner

Present

yo	pongo	nosotros(as)	ponemos
tú	pones	vosotros(as)	ponéis
él ella Ud. }	pone	ellos ellas Uds. }	ponen

Preterite

yo	puse	nosotros	pusimos
tú	pusiste	vosotros	pusisteis
él ella Ud. }	puso	ellos ellas Uds. }	pusieron

L. **¿Cómo pongo la mesa?** Tell how different people set the table by placing the appropriate form of **poner** in the blanks. Use the present tense.

1. Mi tía _____pone_____ las servilletas debajo de los platos.

2. Los abuelos de Sara siempre _____ponen_____ un mantel sobre la mesa.

3. Yo _____pongo_____ el tenedor a la izquierda del plato.

4. Raras veces nosotros _____ponemoes_____ flores en la mesa.

5. Tú _____pones_____ los vasos al lado de los platos.

6. Ángela y yo _____ponemos_____ las cucharas sobre los platos.

M. **¿Dónde pusieron los muebles?** Your aunt and uncle have just moved into a new house. You and other members of your family have been helping them with the move. Indicate where you placed various items. Follow the model.

MODELO: Roberto / las sillas / la cocina

Roberto puso las sillas en la cocina.

1. Tomás y yo / el sofá / la sala

Nosotros pusimos el sofá en la sala.

2. yo / el televisor / la sala

Yo puse el televisor en la sala.

3. papá / la mesa / el comedor

   Papá puso la mesa en el comedor.

4. nosotros / las camas / las alcobas

   Nosotros pusimos las camas en las alcobas.

5. Diego / los platos / la cocina

   Él puso los platos en la cocina.

6. tú / el tocador / la alcoba grande

   Tú pusiste el tocador en la alcoba grande.

7. Uds. / el piano / la sala

   Uds. pusieron el piano en la sala.

8. yo / las maletas / garaje

   Yo ~~pusitog~~ puse las maletas en garaje

9. Diego y Roberto / los libros / el comedor

   Ellos pusieron los libros en el comedor.

Dos apartamentos al borde del mar

A. **¡Vamos de vacaciones!** Read the ads below and on the next page, then answer in English the questions that follow.

APARTAMENTOS DE LUJO EN EL LEVANTE ESPAÑOL.

En Benidorm, frente al Mediterráneo.

190 estudios, apartamentos y dúplex de lujo de hasta 4 dormitorios.

Con piscina, zonas de recreo y TV por cable.

Urbanización MontBenidorm.

Un ambiente de tranquilidad absoluta.

Madrid (91) 348 44 46.
Benidorm (96) 585 50 53.

En el más bello enclave del Paseo Marítimo de Palma de Mallorca un edificio singular: BAHIA PALACE.

Junto al mar, frente al Club Naútico, cerca del centro de la ciudad, y con la más hermosa panorámica que pueda imaginar, apartamentos de lujo de 1 y 2 dormitorios, estudios y locales comerciales.

Dotado de todos los servicios al más alto nivel.

Un lugar y un edificio únicos. Con toda seguridad.

UN LUGAR Y UN EDIFICIO SINGULAR

Es otra promoción **ORISBA** *Garantía de calidad*
GRUPO INMOBILIARIO

Barón de Pinopar, 22-1 B - Tel. 71 83 35 FAX 71 81 62 - 07012 PALMA DE MALLORCA

1. Both ads offer apartments on the water. Which one would you prefer? Give reasons for your choice.

_____

_____

_____

_____

2. What do the two complexes have in common? (Name three things.)

_____

_____

_____

_____

3. What do these features that the two resorts have in common tell you about the kind of clientele the promoters are trying to attract?

_____

_____

4. Where are the two resorts located?

_____

_____

5. Which ad offers security and service?

_____

6. Which ad emphasizes the peaceful atmosphere?

_____

B. **La publicidad** You have been asked to write short advertisements for some houses that are for sale in your community. List the key features and furnishings of each house. Use your imagination!

una casa en la ciudad

_____

_____

una casa en las afueras *(suburbs)*

_____

_____

una casa en el campo

_____

_____

una casa de vacaciones

_____

_____

C. Crucigrama

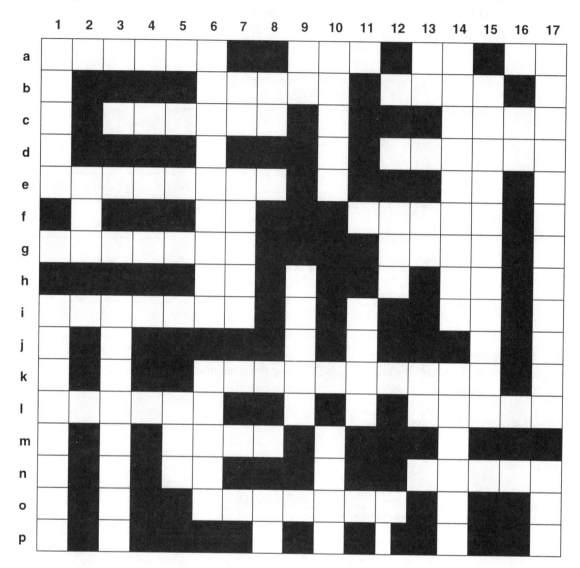

Horizontales

a1	cuarto donde preparamos la comida
a9	Enero es un _____.
a13	___ Caribe
a16	___ Habana
b6	palabra contraria *(opposite)* de **hombre**
b12	Las cortinas no son bonitas, son _____.
c3	aparato que usamos para cocinar
c14	un cuarto
d12	"Para _____ bien el español, es necesario estudiar mucho."
e1	Ponemos esto sobre el suelo *(ground)*.
e14	abreviado por Universidad de las Américas
f6	____ República Dominicana

f11   palabra contraria de **el hambre**
g1   hacer de nuevo
g12   adónde vamos para ver películas
h6   abreviado por Dámaso Alonso
h14   abreviado por Alberto Estoril
i1   arte que ponemos en las paredes
i14   abreviado por San Sebastián
k6   el piso debajo del primer piso
l1   adónde vamos para comprar cosas
l13   No son baratos, son _____.
m5   una región específica
n5   abreviado por Rebeca Eliondo
n13   ¡Hasta luego!
o6   No es gordo, es _____.

Verticales

1a   Tiene una voz magnífica, _____ bien.
1i   Cubrimos *(We cover)* las ventanas con éstas.
2e   Ella _____ el periódico.
3i   poner todo en orden, remediar un problema
6a   con mesas, aparatos, sillas, alfombras, luces, etc.
6k   Hay cuatro en una sala rectangular.
7b   ¡Ay!, expresión de gran sorpresa
7e   casi nunca, _____ veces
8b   parte de una risa *(laugh)*: ¡Ja,... !
8o   abreviado por Lorenzo Olmos
9a   abreviado por Miguel Estrella
9h   Usamos esto para cocinar.
10a   una falta
10m   ¡_____ Uds. esta carta!
11i   El Palacio _____, casa para los reyes
12f   ¡Ven ____!, similar a *aquí*
13a   los ___. UU.
13f   ¡Claro que ____! ¡Cómo no!
13k   abreviado por Anita Caruso
14a   contrario de **las malas**
14k   sitio donde cultivamos plantas y flores
15b   el cuarto de la casa donde todos descansan
16c   ____ Argentina
17a   domicilios, no son casas
17n   no hay nubes, hace _____

Nuestro día

Planning Strategy

Your Spanish friend is trying to improve her English and asks you the following questions. Help her out with some useful expressions for the situations described.

1. I need to increase my vocabulary. Tell me what you do from the moment you wake up until you leave for school.

   _____

   _____

   _____

   _____

2. I would like to ask some friends to go to the movies with me.

   a. How do I bring up the subject?

   _____

   _____

   b. How do I find out what kind of movies they like? What types of movies are there?

   _____

   _____

   c. How do I make arrangements to meet my friends somewhere?

   _____

   _____

3. My American "family" has asked me to join them on a vacation trip this summer. They want to know what outdoor activities I enjoy. What are some typical summer activities?

   _____

   _____

   _____

CAPÍTULO SIETE

¿QUÉ HACES DE COSTUMBRE?

Vocabulario

Para charlar

Para hablar de las actividades de todos los días

acostarse (ue)	divertirse (ie, i)	ponerse
afeitarse	dormirse (ue, u)	prepararse
bañarse	ducharse	quedarse en cama
cepillarse el pelo,	lavarse (las manos,	sentarse (ie)
los dientes	el pelo, los dientes)	servirse (i, i)
darse prisa	levantarse	tardarse
desayunarse	maquillarse	vestirse (i, i)
despertarse (ie)	peinarse	

Temas y contextos

Los quehaceres de la casa

encargarse de	ocuparse de
lavar la ropa	poner la mesa
lavar los platos	quitar la mesa

Vocabulario general

Sustantivos	*Verbos*		
la culpa	comenzar (ie)	exagerar	moverse (ue)
un(a) dormilón(ona)	charlar	irse	regresar
un ejemplo	durar	llamarse	reunirse
el latín	encerrarse (ie)	mirarse	
una tarea			

Adjetivos	*Adverbios*	*Preposiciones*
caliente	bastante	como a
conveniente	casi	en frente de
mismo(a)	directamente	
	sólo	
	ya	

Otras palabras y expresiones

a eso de	en primer lugar	nos vamos
afortunadamente	en todo caso	nos vemos
¡Ave María!	es decir	¡Qué cosa!
un buen rato	les voy a preparar	ya en casa
de nuevo	los dos	¡Ya es hora!
¡Dense prisa!	los espera	yo voy a hacerlo

PRIMERA ETAPA

A. **¡Leamos!** Read the following description of typical morning activities in a Spanish household. Although you may not understand everything you read, you should be able to identify the main activities. Then answer in English the question that follows.

Un día en una casa española

7:00: Algunas veces media hora antes, raras veces media hora después, suena el despertador. Al oírlo, los padres se despiertan en seguida para prepararse, pero los niños casi nunca tienen ganas de levantarse, sobre todo en días de escuela. En vez de levantarse, se vuelven a dormir, pero saben que tienen que levantarse pronto para ducharse, vestirse, peinarse y desayunarse. El padre se ducha y se afeita mientras la madre come el desayuno en la cocina con los niños. Todos toman algo ligero, generalmente café o chocolate y panecillos con mantequilla y mermelada.

8:00: Ya es hora de salir para el colegio. Quieren salir a tiempo para no llegar tarde. Los niños suben al autobús que los lleva al colegio, la madre toma el tren a su trabajo, y el padre maneja a su oficina.

What similarities and differences are there between the morning activities described in the reading and the morning activities in your house?

_____

_____

_____

_____

_____

_____

_____

_____

Repaso

The present tense of reflexive verbs

yo	**me levanto**	nosotros(as)	**nos levantamos**
tú	**te levantas**	vosotros(as)	**os levantáis**
él		ellos	
ella }	**se levanta**	ellas }	**se levantan**
Ud.		Uds.	

Reflexive verbs express two different meanings:
1. an action that reflects back on the speaker (**Me levanto.**)
2. an action in which two or more subjects interact (**Ellas se miran.**)

B. **La mañana** Write sentences indicating what happens at Joaquín's house on a typical morning.

MODELO: mi madre / levantarse / a las seis

Mi madre se levanta a las seis.

1. mi padre / despertarse / a las seis también

   Mi padre se despeta a las seis también.

2. mi hermana Raquel / levantarse / una hora más tarde

   Mi hermana Raquel lavanta una hora más tarde

3. yo / ducharse y prepararse / en seguida

   Yo ~~ducho~~ me ducho y preparo en seguida.

4. mi hermano Javier / lavarse y peinarse

   Mi hermano Javier se lava y piena

5. mis hermanas Bárbara y Elena / maquillarse y cepillarse el pelo

   Mis hermanas Bárbara y Elena se maquillan y cepillan el pelo.

6. yo / vestirse / antes del desayuno

   Yo me vesto antes del desayuno

7. mi padre / lavarse los dientes y afeitarse

   Mi padre se lava los dientes y afeita.

8. yo / lavarse los dientes / después del desayuno

   Yo me lavo los dientes y despues del desayuno

C. **El día de Bernardo** Based on the drawings, describe a typical school day for Bernardo. Use the expressions suggested under each drawing.

MODELO: *Bernardo se levanta a las siete.*

levantarse

1. lavarse   *2. vestirse*   *3. salir de casa*

4. llegar al colegio   *5. estudiar*   *6. salir del colegio*

7. comer   *8. reunirse*   *9. volver al colegio*   *10. regresar a casa*

1. Él se lava
2. Él se viste
3. Él se sale de casa
4. Él se llegue al colegio

5. _Él se estudia_
6. _Él se sale del colegio_
7. _Él se come_
8. _Él se reune_
9. _Él se volve a colegio_
10. _Él se regresa a casa_

D. **Preguntas personales** Use the cues to ask a friend questions about mornings at his or her house. Then imagine your friend's answers.

MODELO: a qué hora / Uds. / despertarse / en su casa

—_¿A qué hora se despiertan Uds. en su casa?_

—_Nos despertamos a las siete._

1. a qué hora / tus padres / levantarse

_____

_____

2. a qué hora / tú / despertarse

_____

_____

3. tú / levantarse inmediatamente o quedarse en cama

_____

_____

4. tu padre (tu madre) / afeitarse (maquillarse) / todas las mañanas

_____

_____

_____

_____

E. **Relaciones personales** Use the following cues to tell how different people interact in their relationships.

MODELO: Dámaso y Felipe / llamarse por teléfono / frecuentemente

Dámaso y Felipe se llaman por teléfono frecuentemente.

1. mi amiga y yo / hablarse / todos los días

   _____

2. Pablo y Maribel / escribirse / cada mes

   _____

3. mi prima y yo / verse / de vez en cuando

   _____

4. Ronaldo y Anita / ayudarse / con su tarea

   _____

5. mis abuelos / entenderse / muy bien

   _____

F. **El domingo por la mañana** Write a short paragraph describing your usual routine on Sunday mornings.

ATAJO

_____

_____

_____

_____

_____

_____

_____

_____

SEGUNDA ETAPA

G. **¡Leamos!** Gonzalo Prada is a student in a Spanish high school. Using the key to the abbreviations, read his weekly schedule. Then answer in English the questions that follow.

HORARIO	LUNES	MARTES	MIÉRCOLES	JUEVES	VIERNES
8:55-9:50	M	AP	Dpt	V / I	Lb
9:50-10:05	R				→
10:05-11:00	L	Mnl	L	Dpt	M
11:00-12:00	CN	L	I	M	H
12:00-12:15	R				→
12:15-1:05	H	CN	Ms	I	L
1:05-2:05	Rl	H	AP	Rl	Dpt
	IR A COMER A CASA O COMEDOR				
3:30-4:30	I		R		
4:30-5:15	Dpt		M		

M = Matemáticas   Lb = Laboratorio   CN = Ciencias naturales
AP = Artes plásticas   R = Recreo   H = Historia
Dpt = Deporte   L = Lengua   Ms = Música
V = Vídeo   Mnl = Manuales   Rl = Religión
I = Inglés

1. How many different courses does Gonzalo take? _____

2. When does he have free time during the school day? _____

_____

3. What option does he have for lunch? _____

_____

4. When does he watch TV in class? _____

5. What are the major differences between Gonzalo's schedule and your own? Be

specific. _____

_____

_____

_____

_____

_____

Repaso

Ud. and Uds. command forms of reflexive verbs

levantarse

Levántese Ud. ahora mismo, por favor.   *Get up* right now, please.
Levántense Uds. antes de las 10:00, hijos.   *Get up* before 10:00, children.

No se levante Ud. tarde.   *Don't get up* late.
No se levanten Uds. antes de las 7:00, hijos.   *Don't get up* before 7:00, children.

H. **¡Escuche Ud. mis órdenes!** You are staying in a dormitory at a Mexican school and you're not familiar with the daily routine. Reconstruct the dorm supervisor's instructions to you with the appropriate **Ud.** affirmative command forms. Follow the model.

MODELO: despertarse / a las 6:30

Despiértese a las seis y media.

1. levantarse / inmediatamente

_____

2. bañarse o ducharse / antes del desayuno

_____

3. peinarse / antes de desayunarse

_____

4. sentarse / en la mesa para desayunarse

_____

5. lavarse los dientes / después del desayuno

   _____

6. quedarse / en el colegio

   _____

7. acostarse / a las 10:30

   _____

I. **¡Escuchen Uds. mis órdenes!** The dorm supervisor now repeats the commands to all the students who are assembled for an orientation. Repeat the commands from the previous exercise, this time using the appropriate **Uds.** affirmative command forms.

1. _____

2. _____

3. _____

4. _____

5. _____

6. _____

7. _____

J. **Uds. no comprenden.** The dorm supervisor observes your behavior and notes that you and your friends are not following his directions. Reconstruct his new set of commands using the appropriate negative **Ud.** or **Uds.** command forms. Follow the model.

MODELO: sentarse / Ud. / allí

   No se siente Ud. allí.

1. levantarse / Ud. / tarde

   _____

2. quedarse / Uds. / en su habitación

   _____

3. peinarse / Ud. / en el comedor

   _____

4. dormirse / Uds. / en clase

_____

5. acostarse / Ud. / antes de la cena

_____

6. lavarse los dientes / Uds. / antes de comer

_____

7. encerrarse / Ud. / en el baño

_____

K. **Te toca a ti.** *(It's your turn.)* Now that you are an experienced student in the dormitory, it is your task to instruct new students about the daily routines. Use the following cues to issue affirmative and negative **Uds.** commands. Follow the model.

MODELO: afeitarse / baño / cocina

Aféitense en el baño.

No se afeiten en la cocina.

1. cepillarse los dientes / después de desayunarse / antes de desayunarse

_____

_____

2. ducharse / después de levantarse / antes de acostarse

_____

_____

3. despertarse / a las 6:30 / a las 7:30

_____

_____

4. vestirse / antes de desayunarse / después de desayunarse

_____

_____

5. acostarse / a las 10:30 / a medianoche

_____

_____

6. lavarse / por la mañana / por la tarde

_____

_____

7. sentarse / en el comedor / en el gimnasio

_____

_____

8. quedarse / en su cuarto / en el comedor

_____

_____

L. **Tu día** Now write a paragraph describing a typical school day for you from the time you get up until you get home from school.

ATAJO

_____

_____

_____

_____

_____

_____

_____

_____

_____

_____

_____

TERCERA ETAPA

M. **¡Leamos!** Just like their counterparts in the United States, many families in Spain watch television in the evening. Read the evening TV listings from the *Guía TV*. Then answer in English the questions that follow.

■ tv-1 ■

18.25 LA LINTERNA MAGICA. (Ultimo programa)

19.15 USTEDES MISMOS.

19.45 TODOS EN EL NUMERO 20.
Episodio núm. 8 Dirección: Peter Frazer-Jones. Intérprete: Maureen Lipman. Mónica está celosa de la buena relación que mantiene Sheila con Candy, su nueva inquilina, e intenta por todos los medios echarla de casa. Esta discrepancia con su hija pone a Sheila en una situación comprometida con la policía.

20.15 ESPACIOS GRATUITOS DE PROPAGANDA ELECTORAL EN TVE.
A las 20.15: PNV. Desconexión. Ambito autonómico (cinco minutos).
A las 20.15: CiU. Desconexión. Ambito autonómico (cinco minutos).
A las 20.20: IU (cinco minutos).
A las 20.25: CDS (cinco minutos).

20.30 TELEDIARIO-2.
21.00 ELECCIONES-89.
21.06 EL TIEMPO.
21.20 ESPACIOS GRATUITOS DE PROPAGANDA ELECTORAL EN TVE
A las 21.20: PP (cinco minutos).
A las 21.25: PSOE (cinco minutos).
A las 21.30: PSOE (cinco minutos).
21.40 PERO... ¿ESTO QUE ES? (Repetición domingo 29, a las 02.15.)
Dirección: Hugo Stuven.
23.05 PARTIR DE CERO.
"Tan sólo una muela". Dirección: Stain Harrys. Intérpretes: Bill Daily, Connie Stevens y Nita Talbot. James Shepher tiene un terrible dolor de muelas y tiene que ir al dentista, pero la cita que le han dado es con el novio de su hija, que es un poco patoso...
23.30 ELECCIONES-89.
Programa especial con motivo del cierre de la campaña electoral.
24.00 TELEDIARIO-3.
00.20 TELEDEPORTE.

■ tv-2 ■

18.40 CORTOMETRAJE.
19.05 EL MUNDO DEL CABALLO.
(Repetición en TVE-1, domingo 29, a las 05.35 horas.)
Dirección: Fernando de Anguita. Presentación: Fernando Savater.
19.30 DOMINGUEROS.
(Ultimo programa.)
Dirección y presentación: Joaquín Arozamena. Programa dedicado al ocio.
20.25 CONCIERTO DE LA ORQUESTA CIUDAD DE VALLADOLID.
Desde el teatro Calderón de Valladolid, la Orquesta Ciudad de Valladolid ofrece un concierto de su temporada oficial 1989-90 bajo la dirección de Jacques Bodmer, actuando como solista Gerad Claret, interpretando el siguiente programa.
J.S. Bach: "Sinfonía núm. 2 en sí bemol mayor. Op. 18".
B. Bartok: "Concierto núm. 2 para violín y orquesta". Solista: Gerard Claret.

Haydn: "Sinfonía núm. 92 en sol mayor. "Oxford".
Presentación: Juan Angel Vela.
22.00 NOTICIAS-2.
22.30 A TRAVES DEL ESPEJO.
00.30 CERCA DE LAS ESTRELLAS, PRE-TEMPORADA.
Incluye: Golf. Volvo Masters. Resumen. Desde el campo de Valderrama, en diferido. Tenis. Raqueta de Diamantes. Resumen. Desde Amberes, en diferido.
03.30 DESPEDIDA Y CIERRE.

■ tm3 ■

18.30 DIBUJOS ANIMADOS.
"Tex Avery"
19.00 POP-7.
"Lo más pop, con las listas de éxito de todo el mundo".
19.30 ZAP, ZAP LA GUIA.
Dirección: Javier del Olmo. Presentación: Agustín Bravo-Ana Blanco. Información cultural y guía del ocio de nuestra Comunidad.

20.30 EL SHOW DE BENNY HILL (Thames).
21.00 TELENOTICIAS.
Realizador-editor: Francisco Díaz-Ujados. Presentadores: Hilario Pino, Fernando Olmeda y Francisco Javier Reyero.
21.45 NEWHART (MTM)
Episodio núm. 4 "La clausura". Dirección: John Rich. Intérpretes: Bob Newhart, Mary Frann, Steven Kamp Man, Jennifer Holmes, Tom Poston. Dick no para de crear problemas a su esposa colocándola en situaciones francamente embarazosas. Cuando intenta arreglar las cosas es mucho peor.
22.15 MORAVAGINE (TM3, 1989).
Episodio núm. 4 y último. Dirección: Philipe Pilard. Intérpretes: Maxence Mailford, Frigyes Funtex, Anna Karina. Después de la revolución rusa de 1905, Raymond y Moravagine marchan a Estados Unidos. Allí van a encontrarse a un aventurero: Noel Lathwille. Con él emprenderán la búsqueda de un fabuloso tesoro en Arizona.

1. What differences do you notice between the TV listings in your local newspaper and those you have just looked at?

_____

_____

_____

_____

_____

2. If you and your family were living in Spain, which programs would you probably want to watch? Would some family members disagree? If so, who and why?

_____

_____

_____

N. **Los sábados** The following drawings depict a traditional family situation. Using the suggested expressions, describe what each family member does. The paragraph has been started for you on the next page.

ir al trabajo	**cuidar** *(to take care of)* **la casa**	**preparar las comidas**
asistir a clases	**ir al colegio**	**arreglar la casa**
hacer las compras	**poner la mesa**	**ocuparse de los animales**
lavar la ropa	**lavar los platos**	

El padre va al trabajo. _____

_____

_____

_____

_____

_____

_____

_____

_____

_____

O. **Tu familia** The roles of various members of modern families have changed dramatically. Using the expressions listed in Exercise N, describe the activities of a *modern* family.

ATAJO

_____

_____

_____

_____

_____

_____

_____

Repaso

Tú command of reflexive verbs

Levántate.	**No te levantes.**
Despiértate.	**No te despiertes.**

P. **Los hermanos de Catalina** Catalina's parents both work. As a result, Catalina has to take care of her little brother Gerardo and her little sister Paquita before and after school. She spends most of her time telling each of them what to do and what not to do. Use the cues to write Catalina's commands. Follow the models.

MODELOS: Gerardo / moverse

Gerardo, muévete.

Paquita / no maquillarse

Paquita, no te maquilles.

1. Paquita / lavarse las manos

2. Gerardo / levantarse de la cama

3. Gerardo / no moverse del sofá

4. Paquita / peinarse

5. Paquita / no servirse más helado

6. Gerardo / darse prisa

7. Paquita / cepillarse los dientes

8. Gerardo / no encerrarse en el baño

9. Gerardo / acostarse para la siesta

10. Paquita / irse de la casa

Q. **Tu noche** Now write a paragraph describing a typical evening for you from the time you get home from school until you go to bed.

ATAJO

_____

_____

_____

_____

_____

_____

_____

_____

_____

_____

CAPÍTULO OCHO

¿QUÉ HACES ESTE FIN DE SEMANA?

Vocabulario

Para charlar

Para hacer invitaciones

Nos daría mucho gusto…
Tenga la bondad de responder
 tan pronto como sea posible.
Cuento contigo…
Contéstame cuanto antes.

Será una sorpresa; no les digas nada.
¿Por qué no?
Nos vemos a / en…
¿Te parece bien?

Vocabulario general

Sustantivos	*Verbos*	*Otras palabras y expresiones*
una ausencia	alquilar	¿Así es?
una boda	aprovechar	dar una película
un brindis	odiar	darles la despedida
una quinceañera	seguir (i, i)	de esa manera
una respuesta	traer	dentro de
		desearles
		disfrutar de
		Espero que no sea…
		Está bien.
		Exacto.
		No se preocupen.
		¡Siempre lo hacemos!
		tal vez
		va a haber

PRIMERA ETAPA

A. **¡Leamos!** Read the following excerpts from an issue of *TVCine*. Then answer in English the following questions.

JUEVES 5

TV2   **22,30**

ROBINSON CRUSOE***
(1952) 89 minutos
Director: Luis Buñuel. Guión: Luis Buñuel y Phillip Ansell Roll. Fotografía: Alex Phillips (C). Música: Luis Hernández Bretón y Anthony Collins. Intérpretes: Dan O'Herlihy, Jaime Fernández, Felipe de Alba, Chel López, José Chávez, Emilio Garibay. Ultramar Films.
Uno de los films menos divulgados de Buñuel, quien siempre lo consideró un simple encargo. Sin embargo, la adaptación del famoso libro de Daniel Defoe estaba planteada desde cierta perversidad, eludiendo la mítica voluntarista que tradicionalmente ha generado. Propone una lectura que transgrede la esencia del texto en su consideración de la soledad, que se aborda desde una perspectiva inequívocamente buñueliana.

RECOMENDABLE PARA CINEFILOS

LUNES 9

TV1   **0,50**

SÍ, GIORGIO**
(Yes, Giorgio, 1982) 111 minutos
Director: Franklin J. Schaffner. Guión: Norman Steinberg. Fotografía: Fred J. Koenakemp (C). Música: Michael J. Lewis y John Williams. Intérpretes: Luciano Pavarotti, Kathryn Harrold, Eddie Albert, Paola Borboni, James Hong, Beulah Quo. Metro Goldwyn Mayer.
Un vehículo para el famoso tenor italiano en el que se ilustra el romance entre un cantante más bien aprensivo y una atractiva doctora. Basada en una novela de Anne Piper, su argumento es casi mínimo, reduciéndose a unas previsibles situaciones y algunas ocasiones para que el protagonista de-

muestre su habilidad canora. En conjunto, resulta una comedia romántica planteada según los moldes más tradicionales.

PARA AMANTES DE LA OPERA

TV 2   **22,300**

Ciclo: Cine argentino

SUR***
(1987) 127 minutos
Director y guión: Fernando F. Solanas. Fotografía: Félix Monti (C). Música: Astor Piazzolla. Intérpretes: Susu Pecoraro, Miguel Angel Sola, Philippe Léotard, Lito Cruz, Ulises Dumont, Roberto Goyeneche, Gabriela Toscano. Cine-sur-Pacific-Canal Plus.
Una nueva reflexión sobre la reciente historia argentina, aunque planteada con una notable dosis de intensidad y rehuyendo todo esquematismo. Su argumento recoge la primera noche de libertad de un preso político que se enfrenta a los fantasmas del pasado y a un presente que no consigue reconocer como propio. Todo ello está planteado con una gran complejidad, tanto en el plano formal como el

discursivo y con resultados muy estimulantes. **Film inédito en España.**

RECOMENDABLE PARA CINEFILOS

DOMINGO 15

TV 2   **18,00**

EL DRAGON DEL LAGO DE FUEGO**
(Dragonslayer, 1981) 120 minutos
Director: Matthew Robbins. Guión: Hal Barwood y Matthew Robbins. Fotografía: Derek Vanlint (C). Música: Alex North. Intérpretes: Peter Eyre, Albert Salmi, Sydney Bromley. Paramount.
Apreciable aunque blanda muestra de cine fantástico en la línea legendario-mitológica del género. Se construye un universo poblado por hechiceros, dragones, héroes y doncellas, a partir del que se elabora una trama que juega hábilmente con los tópicos. Con esta base, se monta la preceptiva parafernalia de efectos especiales; y el producto está servido. No es nada del otro jueves, pero proporciona un entretenimiento honesto.

PARA AMANTES DEL FANTASTICO

1. Which two films of the four listed would you most like to see? Why?

_____

_____

_____

_____

2. Which film would you *least* like to see? Why?

_____

_____

3. At what time are the four films shown?

_____   Robinson Crusoe

_____   Sí, Giorgio

_____   Sur

_____   El dragón del lago de fuego

4. Which two films are based on novels? _____

_____

5. Which film has very little plot to it?

_____

6. Which film is mediocre, relying heavily on special effects?

_____

Repaso

Direct object pronouns: **lo, la, los, las**

—¿Tienes **mi billete?**   Do you have *my ticket?*
—Sí, **lo** tengo.   Yes, I have *it.*

—¿Ven Uds. **a Nora?**   Do you see *Nora?*
—Sí, **la** vemos.   Yes, we see *her.*

—¿Invita Juan **a tus primos?**   Is John inviting *your cousins?*
—Sí, **los** invita.   Yes, he is inviting *them.*

—¿Escribes **las cartas?**   Are you writing *the letters?*
—Sí, **las** escribo.   Yes, I am writing *them.*

In Spanish, the direct object pronoun comes before the verb.

B. **¿Quién... ?** You are discussing weekend activities with some friends. When they ask you questions, you answer according to the cues: **+** = *affirmatively*, **-** = *negatively*, and **?** = *ask another question*. Use direct object pronouns in your answers. Follow the model.

MODELO: ¿Quién compra nuevas cintas? yo (+) / Jorge (-) / Guillermo (?)

Yo las compro, pero Jorge no las compra. Y tú,

Guillermo, ¿las compras?

1. ¿Quién mira los partidos de fútbol en la tele? yo (-) / mi hermano (+) / Pablo (?)

   _____

   _____

2. ¿Quién estudia la química? yo (+) / Paula (-) / Ángela y Tina (?)

   _____

   _____

3. ¿Quién visita a Rogelio? yo (-) / Pedro (+) / Alejandro (?)

   _____

   _____

4. ¿Quién hace la tarea de matemáticas? yo (+) / mi hermana (-) / Francisco y David (?)

   _____

   _____

C. **Ya lo hice.** Now when your friends ask about plans, indicate that the activity they are asking about has already occurred. Use direct object pronouns in your answers. Follow the model.

MODELO: ¿Vas a preparar los burritos?

No, ya los preparé.

1. ¿Quieres escuchar mi nueva cinta de música argentina?

   _____

2. ¿Invitan Uds. a sus compañeros a la fiesta?

   _____

3. ¿Piensa Juan vender su coche?

_____

4. ¿Vas a comprar otra raqueta de tenis?

_____

5. ¿Esperan Uds. visitar al Sr. Santiago?

_____

6. ¿Quieres leer las revistas?

_____

7. ¿Tiene que arreglar la sala tu hermano?

_____

8. ¿Va a llamar al médico tu mamá?

_____

 Repaso ———————————————————————

Position of direct object pronouns

¿Las llaves? **Las** tengo.
¿La tarea? Es necesario hacer**la.**
¿El concierto? Puedes ver**lo** mañana.
¿Los regalos? **Los** pienso comprar hoy. ⎫
          Pienso comprar**los** hoy. ⎭

The keys? I have *them.*
The homework? It's necessary to do *it.*
The concert? You can see *it* tomorrow.

The gifts? I intend to buy *them* today.

D. **¡Tantas palabras** *(words)*! Your job as advertising director is to cut down on the number of words in this advertisement. Rewrite the ad by replacing the underlined direct object nouns with direct object pronouns.

¡Qué venta! ¡Cuántas gangas! Vengan a ver nuestra tienda. ¡Hay de todo! ¿Quieres una bicicleta nueva? Tenemos <u>bicicletas.</u> ¿Deseas una computadora? Vendemos <u>computadoras.</u> ¿Te gustan las cintas? Puedes comprar <u>las cintas</u> aquí. ¿Buscas una raqueta de tenis? ¿Por qué no compras <u>tu raqueta</u> aquí? ¿Tienes ganas de encontrar el estéreo perfecto? Vas a encontrar <u>los estéreos</u> en esta tienda. ¿Te gusta mirar ropa nueva? Todo el mundo compra <u>la ropa</u> aquí. ¿Esperas ver la chaqueta ideal? Tenemos <u>esa chaqueta.</u> ¿Quisieras ganar un viaje al Caribe? Estamos ofreciendo <u>un viaje</u> esta semana. ¿Necesitas una cámara? Vas a ver <u>la cámara</u> aquí. ¿Tienes ganas de sentarte en una silla cómoda? Vendemos <u>esa silla.</u> ¿Quieres pagar con tarjeta de crédito? Aceptamos <u>tarjetas de crédito.</u>

_____

_____

_____

_____

_____

_____

_____

_____

_____

_____

_____

_____

SEGUNDA ETAPA

E. **¡Leamos!** Read the two invitations, then answer the questions that follow.

Querida Margarita,

Mi esposo y yo organizamos una fiesta de sorpresa para celebrar el santo de Paco. La celebramos en nuestra casa el sábado 14 de octubre a las 21:00.

Esperamos que puedan estar con nosotros.

Afectuosamente

Ana María Domínguez

INVITACIÓN

A UNA CELEBRACIÓN

EN HONOR DEL SEÑOR Y LA SEÑORA CARLOS DE FLORÍN

EN LA OCASIÓN DE

SU PRIMER ANIVERSARIO DE BODA

QUE SE LLEVARÁ A CABO EL 22 DE MAYO A LAS 20 HORAS

EN LA CASA DEL SEÑOR Y LA SEÑORA CORRALES

CALLE PIMENTAL, 58
VALLADOLID

1. What are two things that the two parties have in common?

   _____

   _____

2. In what ways do the two parties differ? (Mention two.)

   _____

   _____

3. One invitation is much more formal than the other. Point out as many signs of this difference in formality (specific words and phrases) as you can.

_____

_____

Repaso

The immediate future of reflexive verbs.

Voy a despertarme temprano mañana.
Mi hermano **se va a levantar** a las siete.
Vamos a vernos en el restaurante.
Josefina y Ángela **se van a llamar** este fin de semana.

F. **La vida cotidiana** Based on the drawings, explain what each person is going to do today. Follow the model. Suggested verbs: **maquillarse, acostarse, afeitarse, lavarse el pelo, cepillarse los dientes, peinarse, llamarse, escribirse, prepararse la comida, despertarse, darse prisa, tardarse.**

MODELO: *Elena va a acostarse.*

Elena

yo

Ignacio

1. _____

_____

2. _____

_____

Bernardo y yo

Uds.

3. _____

_____

4. _____

_____

Dorotea

tú

5. _____

_____

6. _____

_____

G. **En el futuro** Use some of the following suggested verbs to indicate what you and other people expect to do in the near future. Be as precise as possible about when the actions will occur. Suggested verbs: **prepararse, ocuparse de, llamarse, verse, levantarse tarde, despertarse temprano, reunirse, hablarse.**

MODELO: yo

La semana próxima, me voy a ocupar del perro.

1. mis amigos y yo

_____

2. yo

_____

3. mi prima (primo) y yo

_____

4. mis padres

_____

5. Joaquín

_____

H. **Mañana** Write a short paragraph explaining what you will and will not do tomorrow. Begin with the time you will get up and continue with your activities until you go to bed.

ATAJO

_____

_____

_____

_____

_____

_____

_____

_____

_____

_____

CAPÍTULO NUEVE

¿CUÁNDO SON LAS VACACIONES?

Vocabulario

Para charlar

Para organizar las vacaciones

¿Por qué no... acampamos en una área de acampar?
    alquilamos un coche-caravana?
    dormimos en una tienda de campaña?
    pasamos las vacaciones en... ?
    tomamos el sol?
    vamos a la costa / a la orilla del mar / a las montañas?
    visitamos un centro ecuestre para hacer equitación?

Temas y contextos

Las actividades deportivas

correr
dar una caminata   montar a caballo
esquiar en agua   nadar
hacer alpinismo   navegar en velero / una tabla vela
jugar al golf   practicar la navegación a vela
       al tenis   el esquí acuático
       al vólibol   la equitación

Vocabulario general

Sustantivos   *Otras palabras y expresiones*

una lavadora   ¡Cálmate! ¡No te excites!
los mariscos   Dime.
un pueblo   en seguida
un refrigerador   Lo pasamos bien.
                                    ¡Magnífico!
Verbos   ¡No, en absoluto!
                                    servicios sanitarios
costar(ue)
dedicarse

Adjetivos

anterior

PRIMERA ETAPA

A. **¡Leamos!** Read the description of Spain's Costa del Sol, a popular vacation area, then answer in English the questions that follow.

COSTA DEL SOL
CIRCUITO ANDALUCÍA

COSTA DEL SOL

Una temperatura media anual de 18 grados centígrados.
Una sucesión de playas, puertos deportivos y ambiente cosmopolita que configuran la calle marítima más larga del mundo.
Con lugares tan famosos como Málaga, Torremolinos, Benalmádena, Fuengirola, Marbella…
Y con una gran estructura turística.
Para que usted pueda practicar su deporte favorito, asistir a un divertido espectáculo o, sencillamente, disfrutar del sol.

CIRCUITO ANDALUCÍA

Andalucía es cruce de caminos. Y civilizaciones. Árabes, romanos o fenicios le precedieron en la visita. Y dejaron aquí lo mejor de sus culturas. Ahora es su turno.
Le esperan la Alhambra de Granada, la Mezquita de Córdoba, los pescaítos de Cádiz, la Catedral de Sevilla, las bodegas de Jerez, las playas de Málaga…, y muchas otras cosas.

1. What is the climate like?_____

_____

2. What would you find there? _____

_____

3. What civilizations settled there?_____

_____

4. What tourist attractions does the area offer?

_____

_____

5. What do you think the following expressions mean?

la calle marítima más larga del mundo_____

_____

disfrutar del sol _____

cruce de caminos _____

B. **Los deportes** Vacation brochures often use symbols to indicate the sports available at various sites. Match each of the following sports activities with the appropriate symbol.

tenis de mesa	**baloncesto (básquetbol)**	**ciclismo**
clavados	**equitación**	**fútbol**
gimnasia	**natación**	**boxeo**
vólibol	**tenis**	
vela	**béisbol**	

1. _____

2. _____

3. _____

4. _____

5. _____

6. _____

7. _____

8. _____

9. _____

10. _____

11. _____

12. _____

13. _____

C. **¿Qué les gusta hacer?** Now use the symbols to tell what each person likes to do on summer vacation.

1. Luis

_____

2. Marta

_____

3. Mis amigos y yo

_____

4. Yolanda y sus amigas

_____

5. Mauricio y su hermano

_____

6. yo

_____

7. Anita

_____

8. Nicolás

_____

Repaso ───

Reflexive versus nonreflexive verbs

Los niños **duermen** nueve horas.   The children *sleep* nine hours.
Los niños **se duermen** a las nueve.   The children *fall asleep* at nine o'clock.

Pablo y Ana **hablan** portugués.   Pablo and Ana *speak* Portuguese.
Pablo y Ana **se hablan.**   Pablo and Ana *talk to each other.*

Lavo el coche.   *I'm washing* the car.
Me lavo el pelo.   *I'm washing my* hair.

───

D. **Un verbo reflexivo: ¿sí o no?** Decide which sentence in each pair of sentences requires the reflexive form of the verb and which one requires the nonreflexive form. Use the tense suggested in parentheses.

1. despertar / despertarse

   a. ¡Carlos! ¡_____! Ya son las siete. *(command)*

   b. ¡Pepe! ¡_____ a Carlos! Él no se levanta. *(command)*

2. poner / ponerse

   a. Ella va a _____ los zapatos nuevos. *(infinitive)*

   b. Él siempre _____ la ropa en el tocador. *(present)*

3. lavar / lavarse

   a. Yo _____ las manos antes de sentarme. *(preterite)*

   b. Mi hermano mayor _____ al perro ayer. *(preterite)*

4. escuchar / escucharse

   a. ¿_____ Uds. la radio? *(present)*

   b. Los estudiantes no _____. *(present)*

5. bañar / bañarse

   a. Mi abuelo prefiere _____ *(infinitive)* por la noche.

   b. Mamá _____ a mi hermanita anoche. *(preterite)*

6. acostar / acostarse

   a. Diego, ¡_____ temprano! *(command)*

   b. Quiero _____ a los niños ahora. *(infinitive)*

SEGUNDA ETAPA

E. **¡Leamos!** While you and your family are camping in Spain, your parents are depending on you to help them find their way around. You will be spending two or three days on the outskirts of Madrid. Choose one of the following campgrounds and explain to your family in English why you chose that particular site.

VALLE, EL 2.ª C ☎ 8443587
Situado en **Bustarviejo**. Ctra.Miraflores de la Sier-Bustarviejo Km.5200
Abierto del 1 de Enero al 31 de Diciembre. Capacidad: 320 personas.

Precio por día:

		Ptas.			Ptas.
parcela	□		coche	🚗	290
persona	🧍	325	caravana	🚐	290
niño	🧍	300	motocicleta	🏍	275
tienda ind.	Λ	290	coche cama	🚙	550
tienda fam.	**Λ**	290	autocar	🚌	700

D'OREMOR 2.ª C ☎ 8439034
Situado en **Cabanillas de la Sierra**. Km.0'700 de la Ctra.Cabanillas-Bustarviejo
Abierto del 1 de Enero al 31 de Diciembre. Capacidad: 720 personas.

Precio por día:

		Ptas.			Ptas.
parcela	□	1100	coche	🚗	250
persona	🧍	250	caravana	🚐	250
niño	🧍	200	motocicleta	🏍	200
tienda ind.	Λ	250	coche cama	🚙	400
tienda fam.	**Λ**	250	autocar	🚌	700

Se accede por Km. 54 de la N-I desvío al Km. 0,400 de Cavanillas a Bustarviejo con tráfico regular. Arbolado de fresnos con mucha sombra y praderas. Situado en paisaje montañoso y serrano. Próximo a La Pinilla y Cotos de Navacerrada y otras localidades de interés turístico. Instalaciones reformadas

PICO DE LA MIEL 1.ª C ☎ 8688082
Situado en **Cabrera (La)**. Finca Prado Nuevo,Ctra.N-I, Km.58.
Abierto del 1 de Enero al 31 de Diciembre. Capacidad: 960 personas.

Precio por día:

		Ptas.			Ptas.
parcela	□	1000	coche	🚗	330
persona	🧍	330	caravana	🚐	330
niño	🧍	260	motocicleta	🏍	260
tienda ind.	Λ	330	coche cama	🚙	560
tienda fam.	**Λ**	330	autocar	🚌	1000

Acceso por Ctra. N-I con tráfico normal, en el mismo pueblo de La Cabrera. Con abundante sombra y zonas verdes, al pie de la montaña. Instalaciones de lujo y zona polideportiva con piscina olímpica y agua caliente las 24 h. Cercano a localidades de interés histórico-artístico y a ríos y embalses para pesca, vela y wind-surfing. Area comercial. Al NO pista de sky La Pinilla, al NE Cotos y Navacerrada.

_____

_____

_____

_____

_____

_____

_____

_____

_____

_____

_____

_____

_____

_____

_____

_____

_____

Repaso

The use of pronouns with commands

Lucía, **¡lávate** las manos!	Lucía, _wash_ your hands!
Rita y Víctor, **¡levántense!**	Rita and Víctor, _get up!_
Tomás, **¡no te duermas!**	Tomás, _don't fall asleep!_
Felipe y Mónica, **¡no se hablen!**	Felipe and Mónica, _don't talk to each other!_
Teresa, **míralos.**	Teresa, _look at them._
José, **cómpralo.**	José, _buy it._
Ana, **no la vendas.**	Ana, _don't sell it._
Roberto y Paco, **no las lleven.**	Roberto and Paco, _don't take them._

F. **Unos niños difíciles** You are babysitting for some children who speak only Spanish. The two youngsters, Mariana and Marcos, are being very difficult. Each time you ask one or both of them to do something, they refuse. Using reverse psychology, you pretend to give in to their demands. Follow the models.

MODELOS: Mariana / arreglar / el cuarto

—*Mariana, arréglalo.*

—*No quiero arreglarlo.*

—*Pues bien, no lo arregles.*

Marcos y Mariana / comer / los sándwiches

—*Marcos y Mariana, cómanlos.*

—*No queremos comerlos.*

—*Pues bien, no los coman.*

1. Marcos / calmarse

_____

_____

_____

2. Mariana / traer las cucharas aquí

_____

_____

_____

3. Marcos y Mariana / poner la mesa

_____

_____

_____

4. Mariana / lavar los platos

_____

_____

_____

5. Marcos / sentarse

_____

_____

_____

G. **¿Comprendes?** Mario stays home with his younger brother, Héctor, while their parents leave on vacation. Mario's parents leave him a note with instructions on what to do and what not to do while they are away. Because Héctor likes to annoy his brother, he circles each key instruction and repeats it, this time using a command form and a pronoun. Write Héctor's version of the note. Follow the model.

Mario,

Partimos hoy para las montañas. Te quedas solo en casa, pero, ¡cuidado! Es importante:

    contestar el teléfono.

    comer las verduras.

    no invitar a tus amigos a la casa.

    no mirar la tele durante la tarde.

    hacer la tarea todas las noches.

    acostarte temprano.

    llamar a tus abuelos cada semana.

               Buena suerte,

               Mamá y Papá

¡Contéstala! _____

_____

_____

_____

_____

_____

_____

H. **Consejos** Your best friend Marisa is going to take a trip to a city you know very well. Make a list of things for her to do and sites she shouldn't miss. Use the command forms of eight of the verbs listed below. The first one has been done for you.

levantarse / sentarse / llevar / acostarse / comer / traer / divertirse / ver / comprar / visitar / tomar

1. *¡Levántate temprano!* _____

2. _____

3. _____

4. _____

5. _____

6. _____

7. _____

8. _____

9. _____

Escuela de iniciación al golf

A. **¡Vamos a aprender el golf!** Friends of your parents have young children who want to learn how to play golf while they are in Spain. Read the following article, then answer in English the questions that follow.

Un niño madrileño recibe clases de golf.

ESCUELA DE INICIACIÓN AL GOLF

JULIO BENITEZ

Primera escuela de iniciación al golf. Carretera de El Pardo, km.3,5. Somontes. Cursos elementales dentro del plan de difusión de la federación española dictados por profesores titulados (Esrach, S.A.). **Precios:** 800 pesetas por una clase de media hora. Clases colectivas (cuatro personas), 400 pesetas. Alquiler de palos, 100 pesetas la media hora; y cubo de 50 bolas, 150 pesetas la media hora. **Información: José Alvarez San Román,** tel 275 50 80.

La escuela de iniciación, según un portavoz federativo, fue concebida para uso popular. En un futuro también se piensa difundir el golf en la población estudiantil madrileña, a través de un convenio que se firmará entre la entidad deportiva y la Universidad Complutense.

El golf, por otra parte, denota últimamente una creciente popularidad en España.

Los directivos de la federación intentan demostrar que el golf no es un deporte elitista. No figura entre los más caros en cuanto a la adquisición de equipos, y a lo largo del año se celebran unas dos mil competiciones en España. El alquiler de un campo de golf, propiedad de cualquier club, puede costar unas 2.500 pesetas como mínimo durante media hora.

Las clases de iniciación en la nueva escuela madrileña serán dictadas por profesores titulados con licencia federativa y de la APG (Asociación de Profesionales del Golf). Las inscripciones no tienen límite de edad, puede ser a partir de los cinco años. La federación ofrece otros cursos de alto nivel para profesionales. Por supuesto a precios más elevados.

Una pareja de jóvenes puede gastar unas 2.000 pesetas por una jornada de clases. La duración del curso es de cuatro a cinco meses, depende de la habilidad y condiciones de cada alumno. El acceso a las instalaciones y el aparcamiento serán gratuitos.

Durante una primera etapa no podrá admitirse más de doscientos alumnos. La Federación Española de Golf ha concedido los cursos de la escuela a Esrach, S.A., una empresa de profesionales de la enseñanza de este deporte.

```
                          80
                       Grupo
                    Tels 519 24 01
Constancia, 35          519 43 08
28002 Madrid        Fax 519 24 01
```

1. How long is the course and how much will it cost to enroll in a class of four people?

   _____

   _____

2. How much does it cost to rent clubs (**palos**) and balls (**bolas)?**

   _____   _____

3. At what age can someone begin taking lessons?

   _____

4. Is golf popular in Spain?

   _____

   _____

5. Who are the instructors?

   _____

B. **Una carta** After having studied Spanish for a year, you have the opportunity to spend six months in Spain with some business acquaintances of your parents. You live in their house and go to school with their children, Andrés and Rafael. After a couple of weeks, you write a letter *in Spanish* to your high school teacher. Tell him or her about your routine, your activities last weekend and your plans for this weekend.

   1. Your new routine — you get up at 7:30, have breakfast, go to school at 9:00, leave school for lunch at noon, have classes until 5:00 or 6:00, eat dinner at 8:30, and do homework until 10:30 or 11:00.

   2. Your activities last weekend — you and your Spanish family went camping near La Coruña, you slept in tents, you went jogging on the beach, you swam and went sailing, you went to bed quite late and had a great time.

   3. Your plans for this weekend — you are very tired, you are going to stay in bed, get up late, not get dressed before noon, and generally rest.

   _____

   _____

   _____

   _____

_____

_____

_____

_____

_____

_____

_____

C. **Jugar al golf** For each of the topics indicated list either three, four, or five related words to shoot par for that hole. The exact number that is par is indicated for each hole and varies from hole to hole. One additional word will give you a birdie (one under par) and two additional words will give you an eagle (two under par). You may not use a word more than once during the entire 18 holes. Add one point to the par score for each word below that number that you fail to come up with. For example, if par is 3, and you get only two words, your score is 4. If you get one word, your score is 5. If you get five words, your score is 1. The lower your score is, the better you have played! The first one has been done for you.

Número	Par	Tema	Resultado
1	4	las vacaciones	
		la natación, la equitación, jugar al golf, descansar,	
		esquiar, viajar	_2_
2	4	prepararse la comida	
3	3	ocuparse de	
4	4	asistir a clases	

5	5	ponerse

_____

_____

6	4	quinceañera

_____

_____

7	3	el cine

_____

_____

8	5	los deportes

_____

_____

9	4	lavarse

_____

_____

10	4	hacer las compras

_____

_____

11	3	esquí acuático

_____

_____

12	4	acostarse

_____

_____

13   5   quitar la mesa

_____

_____

14   4   la televisión

_____

_____

15   4   una invitación

_____

_____

16   5   lavar

_____

_____

17   3   prepararse

_____

_____

18   4   alquiler

_____

_____

TOTAL SCORE _____

La salud

Planning Strategy

During the course of the school year, three of the Spanish-speaking exchange students come to you to talk about health questions and problems. Write down some of the expressions you might use in helping them.

1. *Paula has a cold. What do you suggest she say to the pharmacist when she goes to the drugstore? How should she describe her symptoms? How should she ask for medicine?*

   _____

   _____

   _____

2. *Esteban has come down with a bad case of the flu. He telephones you before he goes to see the doctor. Give Esteban some expressions to help him to describe his condition for the doctor.*

   _____

   _____

   _____

3. *Gerardo is worried that he's not getting enough exercise and he's not eating enough foods that are good for him. What suggestions do you have for him?*

   _____

   _____

   _____

CAPÍTULO DIEZ

¿CÓMO TE SIENTES?

Vocabulario

Para charlar

Para hablar de tu estado físico

bajar de peso
caerse
cortarse
lastimarse
mantenerse en condiciones óptimas
ponerse en forma
romperse

(no) sentirse bien (mal)
sudar
tener dolor de…
tener un accidente
tonificarse
torcerse

Para hablar del estado físico de otra persona

¿Cómo te sientes?
¿Te sientes bien (mal)?
No te ves muy bien.
¿Estás en forma?
¿Qué te pasa?
¿Qué te pasó?
¿Te lastimaste?
¿Tuviste algún accidente?

Temas y contextos

Las actividades físicas

bailar
hacer ejercicios aeróbicos
hacer gimnasia

levantar pesas
nadar
trotar, hacer jogging

El cuerpo

la boca
el brazo
la cabeza
la cara
el codo
el corazón
la coyuntura
el cuello
el dedo (de la mano)
el dedo del pie

el diente
la espalda
el estómago
la frente
la garganta
el hombro
la mano
la muñeca
el muslo
la nariz

el ojo
la oreja
el pecho
el pelo
el pie
la pierna
el pulmón
la rodilla
el tobillo

Vocabulario general _____

Sustantivos

la capacidad
una dosis
un evento social
un gimnasio
una manera
un movimiento

el oxígeno
la presión
el sistema cardiovascular
una solución
una ventaja

Verbos

asegurar
demandar
flotar
reírse (i, i)
tirarse

Adjetivos

agradable
consecutivo(a)
continuo(a)
experto(a)
eficiente
grave
máximo(a)
sencillo(a)
torpe

Adverbios

normalmente
verdaderamente

Otras palabras y expresiones

a menudo
a veces
cada día (viernes, sábado, tarde, mañana, noche, semana, mes, etc.)
con frecuencia
con regularidad
de repente
de vez en cuando
muchas veces
¡No me digas!
¡Qué va!
tener razón
tener suerte

PRIMERA ETAPA

A. **¡Leamos!** Like most languages, Spanish has many colorful, figurative expressions that can't be translated literally. Some of these expressions refer to parts of the body. Match each Spanish expression in boldface with the appropriate English meaning from the list that follows.

_____ 1. ¡No hables a tu hermano esta mañana! **Él se levantó con el santo de espaldas.**

_____ 2. Parece que nadie va a poder decir nada. **Ellos hablan por los codos.**

_____ 3. Vamos a ver quién comienza. ¿Qué dices? **¿Cara o cruz?**

_____ 4. Mis padres nunca van a comprar un coche de ese modelo. **Cuesta un ojo de la cara.**

_____ 5. ¡Hombre, cálmate! ¡Es una broma! Te estaba **tomando el pelo.**

_____ 6. No sé qué pueden hacer, aunque **me quiebro la cabeza** y no veo ninguna alternativa.

a. to be very expensive
b. to think hard about something
c. to talk incessantly
d. two sides of a coin
e. to kid someone, fool them with a joke
f. to be in a bad mood

Now write the figurative English equivalents of these expressions. Be careful: Some of these colorful English equivalents do not use the same parts of the body as their Spanish counterparts, and in some cases the English equivalent does not include a body part.

1. _____

   _____

2. _____

   _____

3. _____

   _____

4. _____

   _____

5. _____

_____

6. _____

_____

B. **El cuerpo humano** Label the parts of the body shown in the drawing.

1. _____   15. _____

2. _____   16. _____

3. _____   17. _____

4. _____   18. _____

5. _____   19. _____

6. _____

7. _____

8. _____

9. _____

10. _____

11. _____

12. _____

13. _____

14. _____

20. _____   23. _____

21. _____   24. _____

22. _____   25. _____

C. **¿Qué les duele a ellos?** *(What's the matter with them?)* Indicate where each of the people pictured is in pain or hurts. Follow the model.

MODELO: Elena

A Elena le duele la cabeza.

Cristina

1. _____

_____

Felipe

2. _____

_____

Diana

3. _____

_____

Victor

4. _____

_____

Repaso

The imperfect

	hablar	**comer**	**vivir**
yo	habl**aba**	com**ía**	viv**ía**
tú	habl**abas**	com**ías**	viv**ías**
él ella Ud.	habl**aba**	com**ía**	viv**ía**
nosotros(as)	habl**ábamos**	com**íamos**	viv**íamos**
vosotros(as)	habl**abais**	com**íais**	viv**íais**
ellos ellas Uds.	habl**aban**	com**ían**	viv**ían**

D. **Las noches del verano** Blanca is talking to her parents and friends remembering the summer evenings the family used to spend at her grandparents' home in the mountains. Complete each sentence with the appropriate imperfect-tense form of the verb given in parentheses.

1. Nosotros (pasar) _____ el verano con mis abuelos.

2. Ellos (tener) _____ una casa en las montañas.

3. Me (gustar) _____ los veranos allí.

4. Después de la cena, nosotros siempre (hablar) _____ un buen rato.

5. Mi hermana y mi abuelo (trabajar) _____ en el jardín.

6. Mi hermano, que era el menor de la familia, (querer) _____ jugar afuera.

7. Papá, ¿dónde (vivir) _____ antes de comprar esta casa?

8. Mamá, ¿qué (hacer) _____ cuando eras niña?

Repaso

The imperfect of **ver, ser,** and **ir**

	ver	**ser**	**ir**
yo	**veía**	**era**	**iba**
tú	**veías**	**eras**	**ibas**
él ella Ud.	**veía**	**era**	**iba**
nosotros(as)	**veíamos**	**éramos**	**íbamos**
vosotros(as)	**veíais**	**erais**	**ibais**
ellos ellas Uds.	**veían**	**eran**	**iban**

E. **Cuando éramos niños...** You are feeling nostalgic and want to talk about your youth. Complete each sentence with the appropriate imperfect-tense form of the verb given in parentheses.

1. Mis hermanos (ser) _____ muy activos.

2. Nosotros (ir) _____ a la playa mucho.

3. Yo (ver) _____ a mis primos a menudo.

4. Mi madre (ser) _____ muy simpática.

5. Mi hermana y yo (ir) _____ al colegio juntas.

6. Papá (ver) _____ muchos partidos de fútbol.

F. **Una visita al médico** You're not feeling very well, so you go to see the doctor. She needs you and your family's medical history in order to help make a diagnosis. Answer her questions truthfully.

1. ¿Tenía muchos dolores de garganta cuando era niño(a)?

   _____

   _____

2. ¿Tenían sus padres algunos problemas serios con la salud?

   _____

   _____

3. ¿Estaba Ud. cansado(a) antes de llegar aquí?

   _____

   _____

4. ¿Cuántos años tenía Ud. cuando comenzó a tomar vitaminas?

   _____

   _____

Repaso ───────────────────────────────────

The imperfect: habitual actions

Some of the adverbs and expressions which often accompany the imperfect tense are:

a menudo	**con regularidad**	**normalmente**
a veces	**de vez en cuando**	**siempre**
cada día (viernes, mes, etc.)	**frecuentemente**	**todos los días (lunes, años,** etc.)
con frecuencia	**muchas veces**	**una vez por día (semana,** etc.)

G. **¿Te acuerdas de cuando... ?** *(Do you remember when . . . ?)* Sr. Corral likes to reminisce with his friends about what they did when they were in school. Use the cues and the imperfect tense to compose sentences about Sr. Corral's past. Follow the model.

MODELO: cada domingo / todo el mundo / jugar al fútbol

Cada domingo todo el mundo jugaba al fútbol.

1. Todos los días / yo / tomar el autobús

   _____

2. Mis hermanas / siempre / ir al parque con sus amigas

   _____

3. Yo / dormir en la casa de mis abuelos / a menudo

   _____

4. Con regularidad / mi familia y yo / comer juntos

   _____

5. De vez en cuando / mi padre / trabajar hasta tarde

   _____

6. Normalmente / mis padres / tener mucha paciencia con nosotros

   _____

   _____

7. Cada verano / nosotros / pasar dos semanas en las montañas

   _____

   _____

8. A veces / yo / salir con amigos para ver una película

   _____

   _____

9. Con frecuencia / mis tíos / quedarse / con nosotros

   _____

   _____

H. **¡Leamos!** In addition to movie and theater listings, weekly entertainment magazines such as *Guía Madrid* also list places where people can work out and participate in different sports activities. Read the following listings, then do the exercises that follow.

DEPORTES

❏ PARA PRACTICAR

Ciudad Deportiva Municipal. Avenida del Val, 4. Teléfono 888 12 45/99. Laborables, de 9,15 a 22,00 h. Sábados y festivos, de 8,15 a 21,00h. Todos los deportes. Abono anual, 3.680 pesetas.

Club Deportivo Iviasa. Carretera de Daganzo, km 0,800. Teléfono 880 97 14. Baloncesto, fútbol, tenis, natación y waterpolo. Abono anual, 10.000 pesetas.

Gimnasios Complutense. Manuel Merino, 12. Teléfono 888 52 11. San Ildefonso, s/n. Teléfono 888 44 11. Artes marciales, mantenimiento, aerobic, rayos UVA.

Gimnasio Sport-Body. Alfonso Dávalo, 6. Mantenimiento, culturismo, preparación física para otros deportes. Rayos UVA, sauna. Lunes a viernes, de 10 a 22,30. Sábados, abierto por la mañana.

Max fine. Calle San José, s/n. Teléfono 882 00 00. Squash, piscina cubierta, artes marciales, patinaje, gimnasia. Hidromasaje, sauna, rayos UVA, masoterapeuia. Especial grupos y empresas. Lunes a sábado, 18 a 23 h. Domingos, 9 a 14 h.

1. Many of the terms in these listings will be familiar to you because they are cognates.

   a. List at least 10 Spanish words or expressions for activities that are easy to recognize because of their similarity to English.

   anual, artes, avenida, club, especial, física, fútbol, municipal, practicar, preparación, sauna...

   b. Are there any activities that you are unable to figure out? If so, list them, and then ask your teacher what they are.

   Answers will vary.

2. Name three family members or friends who are interested in physical fitness. Choose a place from the listings for each person and explain in English why he or she might like to go there.

a. _____

_____

b. _____

_____

c. _____

_____

Repaso

The imperfect: additional uses

In addition to indicating habitual past action, the imperfect tense is used to tell about several other kinds of situations in the past.

1.	To indicate actions that were going on at the time about which you are speaking.	Mientras **estudiábamos**, ella **escribía** una carta.
2.	To describe physical attributes.	Él **era** alto y delgado.
3.	To express attitudes and beliefs held in the past.	Yo **creía** que era inteligente.
4.	To indicate age.	Ella **tenía** dieciséis años.
5.	To describe past states of health.	Yo **estaba** muy enfermo.
6.	To set the background or context for a story that takes place in the past.	**Eran** las nueve de la noche. Yo **visitaba** a mis parientes y **preparábamos** una excursión a Granada.

I. **Los tiempos** (times) **van cambiando.** Much has changed since your grandparents were young. Many people look back and think that things were better in the good old days. This is what happens when sixteen-year-old Magdalena describes her life to her grandfather. Use the cues in parentheses and the imperfect tense to express the grandfather's memories. Follow the model.

MODELO: Yo como todos los días en la cafetería. (en casa)

Yo comía todos los días en casa.

1. Mis amigos y yo vamos al cine a menudo. (ir a un café)

   _____

2. Yo miro la televisión todos los días. (escuchar la radio)

   _____

3. Mi padre y mi madre trabajan. (también)

   _____

4. Yo hago ejercicio aeróbico en el club de deportes. (dar un paseo por el parque)

   _____

5. Me levanto a las 10:30 de la mañana los fines de semana. (a las 7:00)

   _____

6. Mis amigos y yo tenemos discos compactos. (discos)

   _____

7. Raras veces los hermanos comen juntos. (siempre)

   _____

8. Quiero salir de casa a la edad de 18 años. (vivir en casa antes de casarme [*get married*])

   _____

J. **Mi pasado** Complete the following sentences by recalling what you did when you were only six or seven years old. Be sure to use the imperfect tense.

   1. Cuando yo _____ años, yo _____

      _____.

   2. Todos los días yo _____

      _____.

   3. Después de la escuela, yo _____

      _____.

   4. Normalmente mis padres _____

      _____.

5. A veces mis amigos _____

_____.

6. Frecuentemente mis amigos y yo _____

_____.

7. Mi hermana _____

_____.

8. Durante las vacaciones, mi familia y yo _____

_____.

K. **Diapositivas de mi juventud** (*Slides from my youth*) Your parents are showing slides of you and your family from when you were a young child. Describe the slides to your Spanish-speaking friend who is spending the summer with you. First set the background by describing the different members of your family (age, physical characteristics). Then describe what you were doing in the different scenes.

Background: _____

_____

_____

_____

_____

(Birthday party) _____

_____

_____

_____

(Family vacation) _____

_____

_____

(Halloween) _____

_____

_____

L. **¿Qué hacen para ponerse en forma?** Write sentences describing how the people in the drawings get in shape. Follow the model.

MODELO: *Ella nada.*

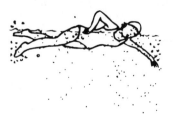

Inés Clara

Ángel y Nuria

Luis

1._____

_____

2._____

_____

Simón y Mónica

Sandra

3._____

_____

4._____

_____

Alejandra

Alicia

5._____

_____

6._____

_____

Victoria

Cecilia

7._____

_____

8._____

_____

M. **¡Leamos!** Read the following article adapted from *ABC Internacional* about a bus **(autocar)** accident in Spain. Then indicate if the statements on the next page are true **(cierto)** or false **(falso).** (Helpful vocabulary: **volcar** = *to turn over,* **madrugada** = *early morning,* **derrapó** = *skidded,* **marroquí** = *Moroccan,* **heridos(as)** = *hurt,* **plazas** = *seats,* **ilesas** = *unhurt,* **dar bandazos** = *to lurch,* **calzada** = *pavement,* **rescate** = *rescue,* **dotaciones** = *personnel.*)

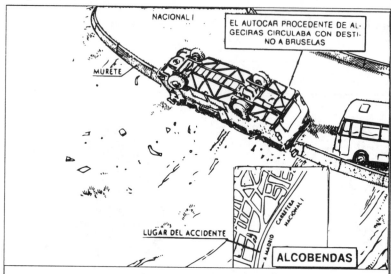

Muchos heridos al volcar un autocar

Según el conductor, «el vehículo derrapó y volcó debido a la tormenta».

Un autobús marroquí en el que viajaban cincuenta y seis personas sufrió un accidente de tráfico sobre la una y cuarto de la madrugada de hoy en la carretera de Burgos, justo en la entrada de Alcobendas. Nadie murió, pero docenas resultaron heridas. Entre los heridos se encontraban seis niños. El autocar, muy antiguo, llevaba todas sus plazas ocupadas. Los ocupantes del autobús regresaban de sus vacaciones a Bruselas (Bélgica).

Uno de los conductores que realizaban el itinerario, una de las escasas personas que resultaron ilesas, declaró en francés a *ABC* que «el vehículo, debido a la fuerte tormenta que caía en esos momentos, comenzó a dar bandazos de un lado a otro de la carretera. Tras avanzar cerca de setenta u ochenta metros de esta manera, como el suelo estaba muy mojado, no pude controlar la dirección, el autobús acabó derrapando, se salió de la calzada y volcamos todos.»

Los heridos, algunos de los cuales presentaban heridas graves, fueron trasladados con la mayor rapidez posible a los hospitales de La Paz, Puerta de Hierro y Gregorio Marañón.

Los heridos quedaron atrapados entre los restos del autobús y ofrecieron numerosas dificultades durante las tareas de rescate. En el lugar, a la altura del kilómetro 15,500 de la Nacional-1, muy cerca de la entrada de la localidad de Alcobendas, se personaron varias dotaciones de la Policía Municipal, la Guardia Civil de Tráfico y del Cuerpo de Bomberos, así como varias ambulancias de la Cruz Roja.

_____ 1. The accident occurred in the early afternoon.

_____ 2. Six children were injured in the accident.

_____ 3. It was on old bus that suffered the accident.

_____ 4. The bus was not completely full.

_____ 5. The accident took place in Belgium.

_____ 6. The driver was seriously hurt in the accident.

_____ 7. Slippery road conditions were a major factor in causing the accident.

_____ 8. The bus skidded off the pavement.

_____ 9. Nobody was seriously injured.

_____ 10. Some passengers were trapped in the bus.

_____ 11. Nacional-1 is a major hospital where several passengers were brought.

_____ 12. Police were on the scene to help with the rescue attempts.

Repaso

The preterite of reflexive verbs

levantarse

yo	**me levanté**	nosotros(as)	**nos levantamos**
tú	**te levantaste**	vosotros(as)	**os levantasteis**
él		ellos	
ella }	**se levantó**	ellas }	**se levantaron**
Ud.		Uds.	

N. **¿Qué hicieron Uds. ayer?** Find out what your friends did yesterday. Be sure to use the preterite. Follow the model.

MODELO:　levantarse / tú / temprano ayer (no)

¿Te levantaste temprano ayer?

No. Me levanté tarde.

1. despertarse / tú / a tiempo ayer (sí)

   _____

   _____

2. quedarse en cama / Paula / hasta las 8:00 (no)

   _____

   _____

3. desayunarse / Mónica y Roberta / juntas (sí)

   _____

   _____

4. lavarse el pelo / tú (sí)

   _____

   _____

5. acostarse / el hermano de Pedro / tarde (no)

   _____

   _____

6. vestirse / tú / inmediatamente (no)

   _____

   _____

7. maquillarse / Laura (no)

   _____

   _____

8. cepillarse / Uds. / los dientes (sí)

   _____

   _____

O. **Un fin de semana en la costa del mar** Adela spent last weekend at the shore with her parents and her brother Raúl. Based on the drawings and the cues provided, describe Adela's and Raúl's activities. Follow the arrows for the order of activities. Don't forget to use adverbs when necessary to show the order in which events occurred (**primero**, **luego / entonces**, **por fin**, etc.).

Adela

1. Sábado por la mañana

   Adela se despertó a las 8:00. _____

   _____

   _____

   _____

   _____

Adela

la madre

2. Sábado por la tarde

   _____

   _____

   _____

   _____

   _____

la familia

3. Sábado por la noche

_____

_____

_____

_____

Raúl

Adela

4. Domingo por la mañana

_____

_____

_____

_____

P. **¿Qué les pasó?** Write a sentence to explain what happened to each accident victim. Use the expressions **lastimarse, cortarse,** and **romperse.** (Be sure to use the preterite.)

MODELO: *Jorge se rompió el brazo.*   Jorge

Elena

Marcos

1. _____

_____

2. _____

_____

Sonia

Adolfo

3. _____

_____

4. _____

_____

Alejandra

Andrés

5. _____

_____

6. _____

_____

Q. **Tu historia médica** Write a short paragraph that tells about any minor accidents or injuries that you suffered and tell how old you were when they occurred. Then tell what you do to stay healthy and in shape.

_____

_____

_____

_____

_____

_____

_____

_____

_____

_____

CAPÍTULO ONCE

¡VE A LA FARMACIA!

Vocabulario

Para charlar _____

Para describir los síntomas

Estornudo.
No puedo dormir.
Me duele(n)
Tengo una alergia.
    catarro.
    dolor de cabeza.
        espalda.
        estómago.

Tengo escalofríos.
    fiebre.
    fiebre del heno.
    la gripe.
    una infección.
    la tos.
    un virus.
Toso.

Para preguntarle a alguien de su estado físico

¿Cuánto tiempo hace que te sientes así?

Para comprar medicina en la farmacia

Quisiera… (remedio)
Quisiera algo para…
Quisiera alguna cosa para…   }   (parte del cuerpo)

Temas y contextos _____

Los remedios

un antibiótico
un antihistamínico
una aspirina
unas gotas para los ojos
un jarabe
unas pastillas

Vocabulario general _____

Sustantivos	*Verbos*	
una epidemia	alcanzar	
una frontera	cuidar	
un microbio	dar	
un punto	mandar	
	sufrir	

Adjetivos	*Adverbios*	*Otras palabras y expresiones*
anual	constantemente	de todos modos
		sin parar
		tomar la temperatura

A. **¡Leamos!** Read the following ads for Aquilea health products, then answer in English the questions on the next page.

Con menos tos, dormirá mejor

Una tacita de AQUILEA PECTORA después de cenar, le sienta de maravilla y le ayuda a pasar una noche sin tos. AQUILEA PECTORAL, suaviza pecho y garganta, modera la tos y ayuda a expectorar. En una palabra, le DESCARGA. Y para no toser durante el día, ya sabe: una tacita de AQUILEA PECTORAL después del desayuno y después de la comida.

Aquilea PECTORAL

Ver composición e instrucciones. Consulte a su médico o farmacéutico.

AQUILEA
MOSTRADOR S.A.
Sant Just Desvern. Barcelona.

Defiéndase del resfriado

Intente pasar este invierno sin resfriarse.

Con EQUINACEA es más fácil:

Basta con tomar 1 cápsula después de comer y 1 cápsula después de cenar, de diciembre a marzo.

La EQUINACEA aumenta la capacidad defensiva del organismo, y hace más difícil coger un resfriado.

Este invierno, EQUINACEA CAPSULAS AQUILEA, defensa herbal frente a los resfriados.

Lea las instrucciones. Consulte a su médico o farmacéutico.

Equinácea
(EQUINACEA ANGUSTIFOLIA)

Sólo en Farmacias

AQUILEA
MOSTRADOR S A
Sant Just Desvern. Barcelona.

1. When should each product be taken for maximum efficiency?

   Equinácea _____

   Aquilea Pectoral _____

2. What is each product designed to help?

   Equinácea _____

   Aquilea Pectoral _____

3. What dosage is recommended for each product? (Hint: **una tacita** is a small **taza**)

   Equinácea _____

   Aquilea Pectoral _____

4. What caution is given with both products?

   _____

   _____

   _____

5. In the ad for **Aquilea Pectoral,** the slogan includes the verb **dormirá.** It is a verb form that you have not yet learned. What do you think it might mean?

   _____

B. **Las síntomas** Write sentences describing the symptoms of the people in the drawings on the next page following the model.

Mario

MODELO: *Él tiene dolor de cabeza.* _____

Sr. Peña

Roberto

1. _____

   _____

2. _____

   _____

Miguel

Srta. Ordóñez

3. _____

   _____

4. _____

   _____

Carla

Sra. Rosso

5. _____

   _____

6. _____

   _____

C. **En la farmacia** Juan goes to the drugstore because he doesn't feel well and thinks he has the flu. Complete the conversation between the pharmacist and Juan by filling in what Juan might respond to the pharmacist's comments.

El farmacéutico: Buenos días, señor. ¿En qué puedo servirle?

Juan: _____

El farmacéutico: ¿Se siente Ud. muy cansado?

Juan: _____

El farmacéutico: ¿Dónde tiene dolor?

Juan: _____

El farmacéutico: ¿Tiene Ud. fiebre?

Juan: _____

El farmacéutico: ¿Tiene Ud. otros síntomas?

Juan: _____

El farmacéutico: Bueno, Ud. tiene razón. Tiene la gripe. Pero no es muy seria. Tome aspirina, beba mucha agua y jugos y duerma lo más posible. Vuelva en tres días si no se siente mejor.

Juan: _____

Repaso

The verb **doler**

Me duele la cabeza.
¿Te duele la garganta?
Sí, y **me duelen** la espalda y las piernas también.
Y a mi hijo **le duele** la garganta.

The verb **doler** is just like the verb **gustar** in that it is used with the pronouns **me, te, le, nos, os,** and **les.** Like **gustar,** only the third person singular (**duele**) and plural (**duelen**) forms are used, depending on whether what hurts is singular or plural.

D. **En la consulta médica** You are working at a medical clinic and it is your job to inquire about the patients' ailments. Ask each patient if something hurts, then write their reply. Follow the model.

MODELO: Sr. Álvarez / la cabeza / las piernas

—*Sr. Álvarez, ¿le duele la cabeza?*

—*No, no me duele la cabeza, pero me duelen las piernas.*

1. Sra. Robles / el estómago / la espalda

_____

_____

_____

2. Anita / los brazos / la muñeca

_____

_____

_____

3. Sr. Martín / los ojos / la cabeza

_____

_____

_____

4. Y sus hijos / la garganta / las piernas

_____

_____

_____

5. Linda / la mano / los tobillos

_____

_____

_____

E. **En mi opinión...** Based on the symptoms indicated, write your evaluation of each person's illness or injury. Include your recommendations for treatment. Follow the model.

MODELO: Toso sin parar.

Tienes catarro. No es muy grave. Toma aspirina, bebe mucha
agua y descansa. No debes ir al colegio mañana.

1. Tengo dolor de garganta.

_____

_____

_____

2. Me duele mucho el tobillo. No puedo andar.

_____

_____

_____

3. Estornudo mucho y me duelen los ojos.

_____

_____

_____

4. Tengo dolor de estómago.

_____

_____

_____

5. Me duele mucho el pie.

_____

_____

_____

F. **¡Leamos!** Read the following ad for Propalgina, then answer in English the questions on the next page.

PROPALGINA®

actúa en todos los síntomas de gripes y resfriados

10 SOBRES UNIDOSIS

VIA ORAL

PROPALGINA combate de forma eficaz y segura todos los síntomas de gripes y resfriados, a través de cada uno de sus componentes: Analgésico, antihistamínico, descongestionante, antitusivo y antitérmico.

Ver composición e indicaciones. Consulte a su médico o farmacéutico en caso de insuficiencia hepática.

«No utilizar bebidas alcohólicas, ni conduzca o realice actividades peligrosas mientras toma este medicamento. Puede producir somnolencia.»

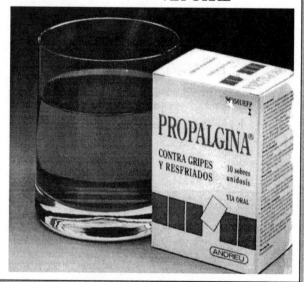

1. What symptoms does this product relieve?

   _____

2. What do you think **10 sobres unidosis** means?

   _____

3. What do you think **vía oral** means?

   _____

4. What does the phrase **de forma eficaz y segura** mean?

   _____

5. List two things that should not be done while taking this medication. Why? (Hint: **peligroso = con posibilidad de resultar en un accidente, con mucho riesgo**)

   _____

   _____

   _____

G. **¿Qué medicina?** Tell what medicines you would suggest for the following ailments.

   1. dolor de cabeza _____

   2. alergias _____

   3. una infección _____

   4. una tos_____

   5. la gripe _____

   6. un catarro_____

   7. una fiebre _____

Repaso

Indirect object pronouns

me	to me	nos	to us
te	to you	os	to you
le	to him, her, you	les	to them, you

Indirect object pronouns are used to indicate what person or thing receives the direct object.

H. **A mis pacientes** Complete the conversations that Dr. Salinas had with his patients earlier in the day. Read the entire conversation before writing your answers. Use indirect object pronouns.

MODELO: Doctor, ¿qué _me_ puede dar para el dolor?

Pues, señora, _le_ doy esta receta que puede comprar en la farmacia.

1. —Doctor, ¿por qué _____ da Ud. esta medicina?

   —Pues, Ana, porque _____ ayuda a mejorar *(to get better)*.

2. —Sr. Latorre, Ud. _____ llamó el martes pasado, ¿no?

   —Sí, doctor, pero el antibiótico que Ud. _____ recetó no ayuda.

   —Bueno, _____ voy a recetar otro, entonces.

3. —Dime, Pablo, ¿qué _____ duele?

   —_____ duelen los pies.

   —Pues, _____ recomiendo estas pastillas.

4. —Hola, chicos.

   —Buenos días, doctor. Mamá _____ escribió esta carta a Ud.

   —Ah, sí. Ella _____ dijo que iba a mandar una carta. _____ recomiendo más estudio y menos televisión.

5. —Buenas tardes, señora. ¿Qué _____ pasa?

   —Es que _____ duele muchísimo la espalda.

   —Bueno, señora, _____ voy a dar una receta que _____ va a ayudar.

I. **Cuidar a los pacientes** Because she is sick, several people try to help Sara. Based on the drawings (on pp. 221–222), give Sara's account of what each person is doing to help care for her. Follow the model.

MODELO: _El médico me examina._

1. _____

2. _____

3. _____

4. _____

5. _____

Repaso

The verb **dar**

Present		**Preterite**	
yo	**doy**	yo	**di**
tú	**das**	tú	**diste**
él ella Ud.	**da**	él ella Ud.	**dio**
nosotros(as)	**damos**	nosotros(as)	**dimos**
vosotros(as)	**dais**	vosotros(as)	**disteis**
ellos ellas Uds.	**dan**	ellos ellas Uds.	**dieron**

J. **Todos dan algo.** While you were sick, several people gave you things to help you get better. Complete the following journal that you wrote after you got home from the hospital. Use the preterite of **dar.**

El primer día, cuando fui a visitar a la médica, ella me _____ una receta.

Como no me mejoré *(didn't get better),* mami y papi me llevaron al hospital y me

_____ un libro nuevo. Andrea, mi mejor amiga, me _____ una foto

nuestra muy divertida, y Lola me _____ una tarjeta muy especial. Mis abuelos

me _____ unas flores muy bonitas, y yo le _____ algunas de ellas a mi

enfermera favorita. Mis padres y yo le _____ un regalo *(gift)* a la médica por

toda su ayuda.

CAPÍTULO DOCE

LA SALUD: MEJOR QUE LA RIQUEZA

Vocabulario

Para charlar

Para hablar del aspecto físico

Mido un metro…
Peso… kilos.
Te ves…

Tengo que guardar la línea.
subir de peso.
bajar de peso.

Para hablar de un período de tiempo

¿Desde cuándo?
¿Cuánto tiempo hace?
desde (que)
hace

Temas y contextos

Los alimentos

el almidón
el calcio
el cereal
la fibra
la fruta
la grasa
el hierro
la leche
los lípidos

los minerales
el pan
las papas
los productos lácteos
la proteína
el vegetal
las vitaminas

El sueño

roncar
tener una pesadilla

Vocabulario general

Sustantivos

la ansiedad
un artículo
un (una) bebé
unas calorías
una causa
una dificultad
la digestión
una duda
la energía
una falta
un hueso

una indicación
la mayoría
un movimiento muscular
un músculo
un nervio
un resultado
el ritmo cardíaco
la salud
una señal
el tono muscular
la vista nocturna

Verbos

admitir
desarrollar
facilitar
formar
mejorar
pedir (i, i)
presentar

recuperar
regular
renovar
repetir (i, i)
sonreír(se) (i, i)
sugerir (ie, i)
tratar de

Adverbios

aparentemente
exactamente

Otras palabras y expresiones

¿De veras?
en parte al menos
estar de visita

Adjetivos

adicional
balanceado(a)
preocupado(a)

A. **¡Leamos!** Read the following excerpt of a diet plan taken from a brochure, then, in English, answer the questions and complete the tasks that follow.

DIETA RECOMENDADA

LUNES

DESAYUNO (209 calorías) Una taza (150 gr) de leche sola, con café o té, sin azúcar. Una rebanada de pan tostado (25 gr) con 5 gr de mermelada. 150 gr de fruta fresca.

COMIDA (662 calorías) 200 gr de judías blancas estofadas (1). 150 gr de ternera a la parrilla con ensalada (75 gr de lechuga y 75 gr de tomate). Una rebanada de pan (25 gr). 150 gr de fruta fresca.

CENA (638 calorías) 200 gr de sopa de fideos clarita. Tortilla francesa de dos huevos. 150 gr de lenguado a la parrilla. Una rebanada de pan. 150 gr. de fruta fresca.

(1) Puede sustituirse por 200 gr de lentejas guisadas sin patatas.

MARTES

DESAYUNO (209 calorías) Igual que el día anterior.

COMIDA (691 calorías) Melón (180 gr) con 50 gr de jamón serrano (solamente el magro) (1). Ensalada de espárragos, tomate, cebolla y escarola (200 gr). Filete de vaca al ajillo (150 gr). Pan, una rebanada (25 gr). Yoghourt sacarinado (3).

CENA (598 calorías) Un huevo pasado por agua. 150 gr de judías verdes con tomate. 150 gr de merluza rebozada. 100 gr de queso de Burgos. Pan, una rebanada mediana (25 gr).

(1) Puede sustituirse por 150 gr de pescado hervido.
(2) Puede sustituirse por 150 gr de cordero asado (paletilla).
(3) Puede sustituirse por 150 gr de fruta.

MIERCOLES

DESAYUNO (209 calorías) Igual que en días anteriores.

COMIDA (698 calorías) 100 gr de calamares en su tinta (1) 150 gr de ensalada de lechuga, tomate, pepinos, cebolla, etc. 150 gr de pollo asado. Pan, una rebanada.

CENA 150 gr de caldo de carne (Avecrem, Starlux).
150 gr de panaché de verduras (espinacas, acelgas, etc., cocidas).
150 gr de pescadilla en salsa verde (impregnar muy ligeramente la pescadilla). Pan, una rebanada.
Fruta fresca, 150 gr (2).

(1) Puede sustituirse por 100 gr de besugo al horno.
(2) Puede sustituirse por un Yoghourt sacarinado.

JUEVES

DESAYUNO (209 calorías) Igual que en días anteriores.

COMIDA (654 calorías) 200 gr de espárragos de lata, con salsa vinagreta 200 gr de paella de carne. 50 gr de queso de Burgos 150 gr de fruta. Una rebanada de pan (25 gr).

CENA (640 calorías) 150 gr de sopa de pasta clarita. Tortilla de dos huevos con 100 gr de champiñones. 150 gr de merluza rebozada. Fruta fresca, 100 gr. Pan, una rebanada.

NOTA: en estos menús pueden aparecer alimentos no permitidos en un régimen adelgazante. Su inclusión se ha hecho para hacerlos variados y agradables. El valor calórico de estos platos ha sido meticulosamente calculado para que combinados con otros se obtenga en conjunto las 1 500 calorías/día

Es indispensable no comer nada fuera de las comidas, ni ingerir otra bebida que no sea agua. No beber comiendo.

2 cápsulas de Body Pills con un gran vaso de agua, una hora antes de las tres comidas del día

Laboratorio LAZLO
Fabricado por IQUINOSA
Alpedrete 24 – 28045 Madrid

C.N.
351619

VENTA EN FARMACIAS

1. Make a list of all the food items that you recognize: _____

_____

_____

_____

_____

_____

2. Choose your favorite meal from the four-day menu and tell why you like it.

_____

_____

3. Your least favorite? Why? _____

_____

_____

4. Which meal is the same every day? _____

5. At what meal are eggs most common? _____

6. Why have some items been included that are generally not included in weight-loss

diets?_____

_____

7. What is the only beverage allowed in this diet? _____

8. When should the Body Pills be taken? In what quantity? _____

_____

Repaso

The verb **pedir**

Present tense

yo	**pido**	nosotros(as)	pedimos
tú	**pides**	vosotros(as)	pedís
él		ellos	
ella	} **pide**	ellas	} **piden**
Ud.		Uds.	

Preterite tense

yo	pedí	nosotros(as)	pedimos
tú	pediste	vosotros(as)	pedisteis
él		ellos	
ella	} **pidió**	ellas	} **pidieron**
Ud.		Uds.	

Other verbs conjugated like this are: **servir, medir, reírse, repetir,** and **sonreír.**

B. **¿Qué pidieron?** The members of Gonzalo's family have not been feeling well and they all have asked for different things to help them feel better. Use the appropriate forms of **pedir** to tell what they usually ask for, contrasting that with what they asked for this time. Follow the model.

MODELO: Mamá / generalmente / jarabe / hoy / pastillas

Mamá generalmente pide jarabe, pero hoy pidió pastillas.

1. Yo / a menudo / agua / esta mañana / jugo de naranja

   _____

   _____

2. Mi tío / normalmente / café / anoche / té

   _____

   _____

3. Mis hermanos / frecuentemente / leche / esta tarde / limonada

   _____

   _____

4. Nosotros / siempre / dulces / esta semana / vitaminas

   _____

   _____

5. Tú / de vez en cuando / aspirina / ayer / antibiótico

   _____

   _____

C. **¿Qué escoges?** Complete the following statements about Pilar's recent experiences with the appropriate form of **pedir** or **preguntar**.

1. Normalmente cuando visito al médico, él me _____ qué me duele, pero

   ayer no me _____ nada. Cuando entré en su oficina le

   _____ una receta para aliviar *(to alleviate)* el dolor. Después mi madre

   me _____ qué me dio.

2. Al entrar en la clase la profesora siempre nos _____: "¿Cómo están

Uds?" Muchas veces ella nos _____ una respuesta. Ayer yo le

_____ a un compañero de clase, porque no entendí la pregunta.

Después, mi mejor amigo también _____ una explicación.

3. Anoche comimos en un buen restaurante. Normalmente mis hermanos y yo no

_____ pescado, pero esta noche sí lo _____. Mi hermana

_____ chuletas de puerco, como siempre. El camarero nos

_____ si nos gustaba la ensalada, y yo dije que sí.

D. **Metros y kilos** Write sentences that would give a Spanish speaker an idea of the following heights and weights. Look at the **Comentarios culturales** on page 325 of your textbook for help. Follow the model.

MODELO: mi hermano / 6'2" / 195 lbs.

Mi hermano mide un metro ochenta y cinco y pesa

ochenta y ocho kilos.

1. mi hermana / 5'1" / 105 lbs.

_____

_____

2. Mi padre / 5'9" / 170 lbs.

_____

_____

3. Manute Bol / 7'7" / 225 lbs.

_____

_____

4. mi madre / 5'7" / 125 lbs.

_____

_____

E. **Debes guardar la línea.** Explain to each person pictured what he or she should eat in order to improve his or her physical condition.

MODELO: *Tú eres demasiado delgada. Debes comer más.*
Come queso, carne, pan y papas. Esos alimentos
son buenos para la salud. No comas yogur.

1. _____

_____

_____

_____

2. _____

_____

_____

_____

SEGUNDA ETAPA

F. **¡Leamos!** Read the following suggestions for combating insomnia. Then do the exercise that follows.

CONSEJOS PARA COMBATIR EL INSOMNIO

Si usted tiene problemas para dormirse, el norteamericano Jeffrey Sussman ha desarrollado un programa que publicó en su libro <u>Cómo dormir sin tranquilizantes,</u> que puede ayudarlo mucho. Aquí le damos algunos de sus consejos:

1. Procure que su habitación tenga una temperatura adecuada (ni muy fría, ni muy caliente), y evite los ruidos.

2. No ingiera cafeína en ninguna forma, por lo menos seis horas antes de irse a la cama.

3. Haga ejercicios diariamente.

4. Ingiera L-triptófano, un aminoácido natural que se halla en la leche y en el atún. Por ejemplo, tomar un vaso de leche tibia antes de acostarse favorece el sueño placentero, pues el L-triptófano dentro del organismo se convierte en una sustancia llamada serotonina, cuya acción es esencial en las fases del sueño.

5. No duerma siesta.

6. Tenga disciplina en el horario para acostarse. Así el organismo se acostumbrará a dormirse a la misma hora.

Otras sugerencias útiles:

1. Dése un baño con agua tibia antes de irse a la cama. El agua y el calor moderado tienen un efecto sedante sobre el organismo.

2. No coma alimentos muy salados. La sal estimula las glándulas suprarrenales, y el continuo funcionamiento de éstas impide el sueño.

3. Evite comer en exceso antes de acostarse. ¿La razón? Mientras duerme hay una disminución de los jugos gástricos, y si ha ingerido grandes cantidades de alimentos tendrá una digestión lenta y pesada que le impedirá dormir.

4. Trate de evitar el estrés. La única terapia posible para esto es tomarse la vida con más filosofía y con grandes dosis de tranquilidad, evitando preocuparse en exceso.

Based on the information you have just read, indicate if the following statements are true (**cierto**) or false (**falso**).

1. _____ These tips should be combined with tranquilizers to ensure a good night's sleep.

2. _____ The bedroom should be at a moderate temperature.

3. _____ Don't drink coffee two hours before going to bed.

4. _____ Exercise every day.

5. _____ Drink milk before going to bed.

6. _____ Take a short nap early in the afternoon.

7. _____ Try to go to bed at the same time every night.

8. _____ Take a cold shower before going to bed.

9. _____ Avoid salty foods.

10. _____ Overeating will help you sleep.

11. _____ Stress can be reduced with vitamins.

Repaso

The expressions **desde cuándo, desde (que), cuánto tiempo hace,** and **hace (que)**

¿Desde cuándo estás enfermo?
Estoy enfermo **desde** el lunes pasado.

¿Cuánto tiempo hace que estás enfermo?
Estoy enfermo **hace** cinco días.

G. **Una cuestión de tiempo** Using the cues provided, ask a question using **desde cuándo.** Answer the question using **desde.** Be careful to distinguish between **desde** (used with nouns) and **desde que** (used with verbs). Follow the models.

MODELOS: trabajar en la oficina de correos el Sr. Santos / 1981

¿Desde cuándo trabaja el Sr. Santos en la oficina de correos?

Trabaja en la oficina de correos desde 1981.

conducir tú / tener 17 años

¿Desde cuándo conduces?

Conduzco desde que tenía 17 años.

1. vivir en Chile los Iglesias / 1975

_____

_____

2. conocer a María Cristina tú / ser joven

_____

_____

3. tener dolor de garganta Pepe / tres días

_____

_____

4. tomar jarabe Uds. / anteayer

_____

_____

5. jugar los niños / despertarse

_____

_____

H. **¿Cuánto tiempo hace... ?** Using the cues provided, now ask a question using **cuánto tiempo hace.** Answer the question using **hace.** Follow the model.

MODELO: dormir mal tú / dos semanas

¿Cuánto tiempo hace que duermes mal?

Hace dos semanas que duermo mal.

1. estar en el hospital tu hermano / tres días

_____

_____

2. mirar la tele Pedro y Ana / dos horas

_____

_____

3. sentirse mal Ud. / cuatro días

_____

_____

4. dormir yo / diez horas

_____

_____

5. esquiar Uds. / doce años

_____

_____

I. **Yo...** Use the cues to talk about yourself and your family. Follow the model.

MODELO: mi familia / vivir

Hace 12 años que mi familia vive en St. Louis.

1. mi familia / vivir

_____

2. mi padre (mi madre) / trabajar

_____

3. yo / ser estudiante en

_____

4. yo / aprender español

_____

5. yo / conocer a mi amigo (amiga)

_____

6. yo / practicar

_____

J. **El sueño y yo** Write three short paragraphs about you and sleeping: (a) use the present tense to describe what a normal night's sleep is like for you, (b) use the past tense to tell about a really bad night's sleep you had, and (c) use the immediate future to imagine how you are going to sleep one night next weekend. Include expressions such as **dormir (bien, mal), acostarse, dormirse en seguida (con dificultad), despertarse, tener sueño, soñar (ue) con** *(to dream),* **tener pesadillas** *(nightmares),* **estar preocupado(a),** and **estar cansado(a).**

a. _____

_____

_____

_____

b. _____

_____

_____

_____

c. _____

_____

_____

_____

El autotratamiento y la automedicación

A. **Autocontrol** Read the following passage about health care, then do the exercise that follows. You may not understand every word, but do your best to get the main idea. (Hint: the prefix **auto** means *self.*)

Los conceptos de autotratamiento y automedicación responsable tienen hoy un significado importante en los sistemas de cuidado de la salud. Todas las instituciones y organismos internacionales no solamente consideran este autocuidado, sino que lo recomiendan y dan una especial importancia a los remedios que existen al alcance de los ciudadanos sin necesidad de un control médico. Esto es así porque se estima que el primer responsable de la defensa de su salud es el propio individuo, que ha de estar en condiciones de tomar libremente decisiones al respecto, para lo cual debe disponer de alternativas e información.

Como consecuencia de estas tendencias que no son nuevas, sino muy marcadas desde hace años, los distintos países han ido desarrollando reglamentos destinados a los productos utilizados en el autotratamiento, tales como regulaciones de publicidad, registro, principios activos permitidos en este campo farmacéutico, etc. Cada país ha denominado estos productos de forma distinta.

Así, en Francia se los llamó «grand public»; en Italia «di banco»; en el Reino Unido y los Estados Unidos, «OTC» («over the counter»); en Portugal, «de venta livre», etc. En España se los definió como «especialidades farmacéuticas publicitarias» a través del Real Decreto 2730/1981.

1. Why is the prefix **auto** an important component of this article?

   _____

   _____

2. What type of medications are the international organizations concerned with?

   _____

3. Who is primarily responsible for an individual's health?

   _____

4. What do you think the word **publicidad** means?

_____

5. What countries are mentioned in the article?

_____

B. **Cuando eras joven...** Write a paragraph telling what usually happened when you were sick as a small child. For example, were you sick very often? What did you usually have — a cold or the flu? What were your symptoms? Did you usually see the doctor? Who went to the drugstore? What did that person usually buy? Did you like taking your medicine? Remember to use the imperfect tense to talk about what *usually* happened and the preterite to talk about specific instances.

_____

_____

_____

_____

_____

_____

_____

_____

_____

_____

C. **Una ausencia** Write a short note to your Spanish teacher in which you:

1. Explain that you have not been in class for three days because you have a cold.

2. Say that you have a fever, that you're coughing, and that your throat is sore.

3. Explain that you are taking medication and can't get out of bed.

4. Tell him or her that you have been doing your Spanish homework.

5. Say that you hope to be back on Monday.

Remember: Do *not* translate the previous instructions word for word. Use expressions and structures that you have already learned to express your ideas in correct Spanish.

_____

_____

_____

_____

_____

_____

_____

_____

_____

_____

D. **Buscapalabras** Can you find 20 (or more) Spanish words relating to health, exercise, and the body in this puzzle? The words may be read horizontally, vertically, or diagonally either from left to right or from right to left. Accents do not count.

```
A R U T A R E P M E T O
C O D O E P E E O A C L
S M S P I C J O J Z A L
A P U R H O S I O E L I
N E G O R T T C C B O B
I R E A N O H L A A R O
M S R S S O N A T C I T
A E I E O O Z C A L A D
T E R S N T C A R A S U
I N E A J H I E R R O L
V U M U S C U L O O C A
H R A C I F I N O T C S
```

Aventura y deporte

Planning Strategy

Your Spanish-speaking friend is going on vacation with your family and needs help expressing her preferences. Suggest some words, expressions and information to help her out.

(places)

1. When we go on vacation, I'd like to visit _____

_____

_____

(activities)

2. While we're on vacation, some things I'd like to do are _____

_____

_____

_____

(for relaxation)

3. When I have some time to relax, I'd like to _____

_____

_____

_____

EL VERANO PASADO

Vocabulario

Para charlar

*Para hacer una narración en
el pasado, usando el pretérito:*

caer(se)
conducir
creer
decir
leer
oír

poder
poner(se)
saber
traer
ver

Vocabulario general

Sustantivos

el clavadista
una discoteca
los mariscos
la naturaleza
un volcán

Adjetivos

contento(a)
costoso(a)
feroz
furioso(a)
nervioso(a)
triste

Otras palabras y expresiones

acampar en un parque nacional
un concierto de rock
correr en la playa
hacer ciclismo
hacer windsurfing
montar en bicicleta
la música de mariachi
la tienda de campaña

Verbos

caer(se)
clavar(se)
conducir
creer
dar
dividir
esquiar
leer
poder (ue, u)
poner(se)
traer

Adverbios

al principio
por fin

jugar...

al ajedrez
al baloncesto
al béisbol
al boliche
a las damas
al dominó
al fútbol
al fútbol americano
al golf
al hockey sobre hierba
a los naipes
al tenis
al vólibol

PRIMERA ETAPA

A. **¡Leamos!** Read the following brochure about the zoo in the Casa de Campo in Madrid, then answer in English the questions that follow.

1. How many animals await you at this zoo? _____

2. Which word in the brochure means "poisonous"? _____

3. Name two places where you could get something to eat.

_____

_____

4. Tell what the following cognates mean in English.

delfines _____   misteriosa _____

serpientes _____   dromedario _____

Repaso

Other verbs in the preterite: **conducir, traer, decir**

conducir

yo	**conduje**	nosotros(as)	**condujimos**
tú	**condujiste**	vosotros(as)	**condujisteis**
él		ellos	
ella	**condujo**	ellas	**condujeron**
Ud.		Uds.	

traer

yo	**traje**	nosotros(as)	**trajimos**
tú	**trajiste**	vosotros(as)	**trajisteis**
él		ellos	
ella	**trajo**	ellas	**trajeron**
Ud.		Uds.	

decir

yo	**dije**	nosotros(as)	**dijimos**
tú	**dijiste**	vosotros(as)	**dijisteis**
él		ellos	
ella	**dijo**	ellas	**dijeron**
Ud.		Uds.	

B. **La fiesta de anoche** Your grandmother wants to know about the party you went to last night. Using the cues, relate some of the details. Follow the model.

MODELO: traer: Juan unas cintas / yo la grabadora

Juan trajo unas cintas y yo traje la grabadora.

1. conducir: yo mi coche viejo / Pablo su coche nuevo

_____

_____

2. traer: Susana y Marta la comida / Pedro y yo las bebidas

_____

_____

3. decir: Marta que le gustó / Alejandra que fue aburrida

_____

_____

4. conducir: Roberto no / Berta el coche de su madre

_____

_____

5. traer: nosotros unos discos compactos / Ana y Miguel un vídeo

_____

_____

6. decir: Felipe que le gustó la comida / Carmen que no

_____

_____

C. **Mi mapa de México** Although you may not be artistic, try your best to draw a map of Mexico. Identify the countries that have a common border with Mexico, as well as the bodies of water that lie off its coasts.

D. **Nuestro viaje** You've just returned from a weekend in the mountains with your neighborhood nature club. Write a letter to your best friend telling all about it: how you got there, what you brought, what you saw, etc. Useful vocabulary: **un oso** *(a bear),* **los insectos, el lago**.

SEGUNDA ETAPA

E. **¡Leamos!** RENFE is the national Spanish train system. Read their advertisement, then answer in English the questions that follow.

1. Give the English equivalent of the following cognates.

turísticos _____   agencias _____

ventajas _____   visitas _____

hoteles _____   convertir _____

maravillosos _____   precios _____

2. For what specific group of people are these train trips devised?

_____

3. List two advantages of using these trains.

_____

_____

F. **Las ciudades** Using the map of Spain, locate these possible RENFE destinations.

1. Ávila

2. Salamanca

3. Cuenca

4. La Mancha

5. Cáceres

Repaso

Other verbs in the preterite: **poder, saber, poner**

poder

yo	**pude**	nosotros(as)	**pudimos**
tú	**pudiste**	vosotros(as)	**pudisteis**
él		ellos	
ella }	**pudo**	ellas }	**pudieron**
Ud.		Uds.	

saber

yo	**supe**	nosotros(as)	**supimos**
tú	**supiste**	vosotros(as)	**supisteis**
él		ellos	
ella }	**supo**	ellas }	**supieron**
Ud.		Uds.	

poner

yo	**puse**	nosotros(as)	**pusimos**
tú	**pusiste**	vosotros(as)	**pusisteis**
él		ellos	
ella }	**puso**	ellas }	**pusieron**
Ud.		Uds.	

G. **Práctica** Replace the italicized words in the following sentences with the words in parentheses, and make the necessary changes.

1. *Enrique* no supo que ganó hasta anoche.

   Yo _____

   Mis padres _____

   Nosotros _____

   Tú _____

2. *Yo* no pude hacerlo porque no me sentí bien.

   Gil _____

   Mis tíos _____

   Ana y yo _____

   Tú _____

3. *Él* las puso allí cuando llegó.

Tú _____

Los alumnos _____

Nosotros _____

Yo _____

H. **Unas preguntas sobre México** You and your friend are discussing how you and your classmates did on a test you took about Mexico. Emphasize your answers with expressions and adverbs. Follow the model.

MODELO: ¿Pudiste identificar los ríos importantes?

¡Claro que sí! Pude identificarlos fácilmente.

1. ¿Sabía Gerardo antes del examen cuántos estados tenía México?

_____

2. ¿Pudieron Uds. encontrar la capital del país en el mapa?

_____

3. ¿Pusiste los nombres de las ciudades en el mapa?

_____

4. ¿Sabían los alumnos dónde estaban los volcanes?

_____

5. ¿Pudo Ricardo escribir los nombres de los volcanes?

_____

6. ¿Pusieron Uds. los estados en el dibujo de México?

_____

Repaso

The verb **ponerse**

When the verb **poner** is used with a reflexive pronoun, it has two different meanings:

1. to put on (an article of clothing)
   Él **se puso** los guantes.

2. to get or become (an emotion, a state)
   Su madre **se puso** enferma *(sick)*.

I. **No está seguro.** Peter is not sure if he should use the reflexive form in the following statements. Help him out by adding the appropriate reflexive pronoun if it's needed.

1. Mi madre siempre _____ pone nerviosa cuando levanto pesas.

2. Frecuentemente yo _____ pongo enfermo cuando no duermo suficientes horas.

3. Pablo _____ puso tu abrigo en la alcoba anoche.

4. Mis abuelos siempre _____ ponen el coche en el garaje.

5. Los niños _____ ponen las chaquetas ahora.

6. Cuando Beatriz vio su nota _____ puso enojada.

7. A veces mi hermanito _____ pone enfermo cuando conducimos en coche por mucho tiempo.

8. Julio, ¿_____ pones nervioso cuando tienes un examen?

9. Uds. _____ pusieron las maletas aquí, ¿verdad?

10. Mi tía _____ pone un suéter cuando tiene frío.

11. Mi mamá _____ puso la medicina al lado de mi cama ayer.

J. **Un accidente** You and the members of your family just witnessed a traffic accident. Describe the emotional effect it had on all of you. Tell how that reaction contrasts with your everyday state. Follow the model.

MODELO: mi hermana

Normalmente mi hermana está bastante tranquila,

pero cuando vio el accidente se puso muy triste.

1. yo _____

_____

_____

2. mi hermano _____

_____

_____

3. mis padres _____

_____

_____

4. nosotros _____

_____

_____

K. **Un viaje por México** You are planning a trip to Mexico this summer. Select six cities there that you would like to visit and prepare an itinerary for your trip. Tell where each city is located, what state it is in, and the approximate distance between each leg of your journey. Then tell how many days you will spend in each city and how you will travel between cities.

_____

_____

_____

_____

_____

_____

_____

_____

_____

TERCERA ETAPA

L. **¡Leamos!** Read the following summary from the sports pages of "El País," a daily Madrid newspaper. Then answer in English the questions on the next page.

1. Are the sports mentioned winter or spring sports? How can you tell?

_____

_____

2. Name four locations of cycling events this week.

_____

_____

3. Which sporting event is taking place in the United States this week?

_____

4. In which city is this event taking place?

_____

5. For which age group is the swimming competition?

_____

6. What specific type of swimming is this competition?

_____

7. Which competition would involve animals?

_____

8. In which country is this event taking place?

_____

Repaso

Other verbs in the preterite: **leer, caer(se), creer, ver,** and **oír**

leer

yo	leí	nosotros(as)	leímos
tú	leíste	vosotros(as)	leísteis
él		ellos	
ella }	**leyó**	ellas }	**leyeron**
Ud.		Uds.	

oír

yo	oí	nosotros(as)	oímos
tú	oíste	vosotros(as)	oísteis
él		ellos	
ella }	**oyó**	ellas }	**oyeron**
Ud.		Uds.	

caer(se)

yo	caí	nosotros(as)	caímos
tú	caíste	vosotros(as)	caísteis
él		ellos	
ella }	**cayó**	ellas }	**cayeron**
Ud.		Uds.	

creer

yo	creí	nosotros(as)	creímos
tú	creíste	vosotros(as)	creísteis
él		ellos	
ella }	**creyó**	ellas }	**creyeron**
Ud.		Uds.	

ver

yo	vi	nosotros(as)	vimos
tú	viste	vosotros(as)	visteis
él		ellos	
ella }	vio	ellas }	vieron
Ud.		Uds.	

M. **Nuestra visita a México** Based on the cues, tell what you and your family read about Mexico in the travel guide. Then comment on what you and your family saw and your reactions. Follow the model.

MODELO: yo / las montañas

Yo leí sobre las montañas, pero cuando las vi, no lo creí.

1. mi madre / las pirámides

_____

_____

2. mis abuelos / los clavadistas

_____

_____

3. mi hermano / El Palacio de Bellas Artes

_____

_____

4. yo / El Museo Nacional de Antropología

_____

_____

5. nosotros / el mercado

_____

_____

N. **Unos accidentes** Some students from your school suffered slight mishaps during their trip to Mexico. Now you are answering the school nurse who is questioning you about what happened. Answer her questions using the information indicated and then state that someone else heard the same thing. Use the appropriate forms of **caerse** and **oír.** Follow the model.

MODELO: ¿Qué le pasó a Alberto? / pirámide / yo

Se cayó de la pirámide.

Yo oí eso también.

1. ¿Cómo te lastimaste? / en el mercado / Fernando

_____

2. ¿Cómo se torció el tobillo Flora? / el monumento / nosotros

_____

3. ¿Qué les pasó a Héctor y Julio? / en el zoológico / el Sr. Santos

_____

4. ¿Por qué está mal Linda? / la catedral / mi hermano

_____

5. ¿Por qué les duelen a Uds. las piernas? / en las montañas / yo

_____

O. **¡Increíble!** Now tell about your and your classmates' surprise upon seeing and hearing various things in Mexico. Follow the model.

MODELO: Margarita / en Xochimilco (ver)

Margarita no creyó lo que vio allí.

1. yo / en el Museo de Antropología (ver)

   _____

2. los estudiantes / en el Parque de Chapultepec (oír)

   _____

3. Victoria y yo / en Uxmal (ver)

   _____

4. Tomás / en Cuernavaca (oír)

   _____

5. tú / en Mérida (oír)

   _____

P. **Una tarjeta postal** You want to tell your friends about what you've seen during your trip to Mexico. Write to one friend, telling him or her about all that you've seen and done there. Be sure to mention at least five places you've visited.

CAPÍTULO CATORCE

AL AIRE LIBRE

Vocabulario

Para charlar

Para hablar del ciclismo

la bicicleta
la bicicleta de montaña
el ciclismo

Para hablar del senderismo (o el montañismo)

atravesar
el bastón
el botiquín
la cantimplora
la cima
cómodo(a)

ligero(a)
la montaña
el montañismo
el paisaje
el sendero
el terreno

Para hablar de rafting

aventurero(a)
la bolsa neumática
el barco
el canookayak
el descanso de cañones
el esquí acuático
el río

Vocabulario general

Sustantivas o otras expresiones

el (la) atleta
los auriculares
la cámara fotográfica
la camiseta
el campeonato mundial
la canasta
con gas (sin gas)
el equipo
la gira
la mochila
la pelota
el rafting
la raqueta
el sorteo

Verbos

refrescarse

PRIMERA ETAPA

A. **¡Leamos!** Read the following bicycle advertisement, then give the English equivalents of the Spanish words on the next page.

R.V.R 127.850

MOD. ADVENTURE 9180

KETTAL

CUADRO	ALUMINIO P2000, Ø 40 mm
HORQUILLA	UNICROWN
PUÑ/DIREC	CASSANO
GRUPO	SOUNTOUR XCT 21 VELOC.
FRENOS	CANTILEVER
MOV. CENTR.	BIOPACE 28, 38, 48
PEDALES	ZARPA DE OSO
BUJES	SUJ. RAPIDA
LLANTAS	RIGIDA NEGRA
CUBIERTAS	KENDA
PESO	14 kg

MOD. CITY SHOT 9179

CUADRO	ALUMINIO P2000, Ø 40 mm
HORQUILLA	UNICROWN
PUÑ/DIREC	CASSANO
GRUPO	SHIMANO 200GS 21 VELOC.
FRENOS	CANTILEVER
MOV. CENTR.	BIOPACE 28, 38, 48
PEDALES	MTB
BUJES	SUJ. RAPIDA
LLANTAS	RIGIDA NEGRA
CUBIERTAS	VREDESTEIN EXPLORER
PESO	16 kg
ANTIRROBO	SI
LUZ	SI

R.V.R 130.725

frenos _____

pedales _____

peso _____

cuadro _____

B. **Las bicicletas** Compare the two bikes.

    1. Name two ways in which the bikes are different.

    _____

    _____

    2. Name three ways in which they are alike.

    _____

    _____

    _____

Repaso

The imperfect and the preterite: Past actions

Imperfect	**Preterite**
Cuando **yo era** joven, **iba** a la casa de mis abuelos. *(habitual occurrence)*	El domingo pasado **yo fui** a la casa de mis abuelos. *(single occurrence)*
Íbamos al cine juntos. *(unspecified number of repetitions)*	El sábado **fuimos** al cine juntos. *(specified number of repetitions)*
A las cuatro, **comíamos** en un café. *(in progress at a definite time)*	Ayer a las cuatro **comimos** en un café. *(single occurrence)*
Mi abuelo a menudo **hablaba** de su juventud. *(indefinite time period)*	Mi abuelo **habló** de su juventud. *(definite time period)*

C. **¿Qué hiciste ayer?** Use the first cue to explain what you did yesterday and the second cue to give the reason. Follow the model.

MODELO: encontrarse con mis amigos / querer hablar con ellos

Me encontré con mis amigos porque quería hablar con ellos.

1. estudiar / tener un examen

_____

2. mirar la tele / estar perezoso(a)

_____

3. arreglar mi cuarto / tener mucha energía

_____

4. hablar por teléfono / querer organizar una fiesta

_____

5. quedarme en casa / tener dolor de cabeza

_____

6. lavar las ventanas / hacer un buen día

_____

7. jugar al tenis / querer divertirme

_____

8. comer mucho / tener hambre todo el día

_____

D. **Una excursión a El Escorial** Use the preterite or the imperfect of the verbs in parentheses to complete the following paragraphs.

Al principio yo no _____ (querer) visitar El Escorial con mis

padres porque no me _____ (gustar) la arquitectura. Yo

_____ (creer) que _____ (ser) muy

aburrido. Pero _____ (cambiar) de idea cuando mis padres

me _____ (dar) un libro pequeño que yo

_____ (leer) con mucho interés.

El viernes, muy temprano por la mañana, nosotros _____

(salir) de nuestro hotel para conducir hasta El Escorial, que _____

(estar) a cincuenta kilómetros de Madrid. Nosotros _____ (llegar)

sin ningún problema, y yo _____ (comprar) las entradas.

Felipe II _____ (hacer) construir el monasterio en honor de

su padre, Carlos V, a fines del siglo XVI. Juan Bautista de Toledo

_____ (comenzar) la construcción y Juan de Herrera la

_____ (terminar). Felipe II _____ (ser) un

hombre muy religioso y _____ (vivir) en un apartamento en El

Escorial. Ese apartamento _____ (tener) muy pocos lujos. Desde

su cama él _____ (poder) oír misa en la iglesia.

Nosotros _____ (pasar) tres horas visitándolo y no

_____ (ver) todo porque _____ (ser)

grandísimo.

E. **Soy diferente.** You are writing some reflections on what you used to do when you were young. Be sure to distinguish between what you did repeatedly (for example, **todos los días, cada mañana**) from what you did at one specific time. Give four examples.

MODELO: *Los sábados me despertaba temprano y miraba la*
tele. ¡Un día me levanté a las cinco y media!

_____

_____

_____

_____

_____

_____

_____

_____

_____

_____

_____

_____

_____

_____

_____

F. **¡Leamos!** Read this calendar from the Summer Olympic Games. Then answer in English the questions on the next page.

	Ceremonia Inaugural	Atletismo	Badminton	Baloncesto	Balonmano	Beisbol	Boxeo	Ciclismo	Esgrima	Futbol	Gimnasia	Halterofilia	Hipica	Hockey	Judo	Lucha	Natacion	Natacion Sincronizada	Pentatlon Moderno	Piraguismo	Remo	Saltos	Tenis	Tenis de Mesa	Tiro con Arco	Tiro Olimpico	Vela	Volibol	Waterpolo	Hockey Patines	Pelota	Taekwondo	Ceremonia Clausura
9/8		x					x						x															x	x				x
8/8		x		x	x		x			x	x			x						x			x					x					
7/8		x		x	x		x		x	x	x		x	x		x		x		x		x						x	x				
6/8		x		x	x		x		x		x			x		x		x		x		x	x					x	x				
5/8			x	x	x	x			x	x			x	x		x		x		x		x	x					x	x	x	x	x	
4/8			x	x	x	x	x		x			x	x	x		x				x			x	x	x	x	x	x	x	x	x	x	
3/8		x	x	x	x		x		x			x	x	x		x		x		x			x	x	x	x	x	x	x	x	x	x	
2/8		x	x	x	x	x	x		x	x	x	x	x	x	x		x			x	x	x	x	x	x	x	x	x	x	x	x		
1/8		x	x	x	x	x	x		x					x	x					x	x	x	x	x	x	x	x	x	x	x	x		
31/7		x	x	x	x	x	x	x	x		x	x		x	x		x	x		x	x		x	x	x	x	x	x		x			
30/7			x	x	x	x	x	x	x	x	x	x		x	x	x	x	x			x	x	x	x	x	x	x		x	x	x		
29/7			x	x	x	x	x	x		x	x	x	x	x	x	x	x			x		x	x	x	x	x	x		x	x	x		
28/7			x			x	x	x	x	x	x	x	x	x	x	x	x			x		x	x		x	x	x		x	x	x		
27/7				x	x	x	x	x		x	x	x	x	x	x	x	x			x					x	x	x		x	x	x		
26/7				x		x	x		x	x	x	x		x	x		x			x					x	x	x		x	x	x		
25/7	x																															x	
24/7										x																							

1. Which sporting event takes place prior to the inaugural ceremony?

   _____

2. Which sport finishes earliest?

   _____

3. What sport starts latest?

   _____

4. If you could get tickets to any 3 of the events listed, which would you choose? Why?

   _____

   _____

   _____

Repaso

The imperfect and the preterite: Descriptions and interrupted actions

The imperfect is generally used in four types of descriptions:

1. Physical   Él **tenía** los ojos azules.
2. Feelings   **Estábamos** contentos. Ella **estaba** triste.
3. Attitudes and beliefs   Yo **creía** que salieron ayer.
4. State of health   Yo **tenía** un gran dolor de cabeza.

The weather may be described using either the impertect or the preterite. If the description covers an indefinite period of time, use the imperfect:

Cuando **visitaba** a mis abuelos, siempre **hacía** buen tiempo.

If the description covers a definite period of time, use the preterite:

Hizo buen tiempo ayer.

The imperfect is also used to describe what was going on when something else happened. The preterite expresses the action that caused the interruption. Note that in Spanish the imperfect often corresponds to the progressive *was* or *were doing* in English:

Él **trabajaba** en Costa Rica cuando **su hijo nació.**	He *was working* in Costa Rica when *his son was born.*
Ella **estaba** en su oficina cuando **su esposo llamó.**	She *was* in her office when *her husband called.*
Hablaba con mis colegas cuando **oí** las noticias.	I *was talking* with my colleagues when *I heard* the news.

G. **¿Qué hicieron ayer?** Explain what each person did while on vacation using the cues provided. Decide which verbs should be in the preterite and which ones should be in the imperfect. Follow the model.

MODELO: María / ir a menudo / jardín público
porque hacer sol todos los días

María iba a menudo al jardín público porque

hacía sol todos los días.

1. nosotros / quedarse en casa el sábado
porque llover

_____

2. Miguel / conducir por el campo
cuando ver un accidente

_____

3. Alicia y Anita / ir a San José el año pasado
porque querer visitar a sus padres

_____

4. yo / jugar con mis primos
cuando empezar a llover

_____

5. nosotros / nunca hacer las compras
porque no tener tiempo

_____

6. mi madre / ir a la médica
porque lastimarse

_____

7. nosotros / pasearse por la ciudad ayer
porque no hacer buen tiempo

_____

H. **¿Qué hacían cuando... ?** Your aunt and uncle are visiting and want to catch up on all the news. They always want to know what was going on when certain things happened. Give them a description of what happened, using the cues provided. Be careful determining between which verbs should be in the preterite and which should be in the imperfect.

MODELO: ¿Qué hacían Mario y José cuando llegaste? (mirar la tele)

   Ellos miraban la tele cuando llegué.

1. ¿Qué hacías cuando Felipe llamó? (tomar el desayuno)

   _____

2. ¿Qué hacían Uds. cuando ella volvió? (leer el periódico)

   _____

3. ¿Qué hacía tu hermano cuando saliste? (dormir)

   _____

4. ¿Qué hacían las muchachas cuando vieron el accidente? (comer en un café)

   _____

5. ¿Qué hacía yo cuando anunciaron el premio? (no hacer nada)

   _____

6. ¿Qué hacíamos cuando empezó a llover? (lavar el coche)

   _____

7. ¿Qué hacía Tomás cuando el niño se lastimó? (poner la mesa)

   _____

8. ¿Qué hacías cuando Marcos se fue? (cuidar a los niños)

   _____

I. **Nuestro primer día** Remember a time when you and your family went on vacation. Describe what the first day of your vacation was like. Include the following information:

   1. in what season and at what time of day you arrived
   2. what the weather was like when you arrived
   3. what the place was like (use at least three descriptive sentences)
   4. what you did that day
   5. what you ate that day

Capítulo catorce **Al aire libre**   **263**

6. when you went to sleep that night
7. how you felt at the end of the day

_____

_____

_____

_____

_____

_____

_____

_____

_____

_____

CAPÍTULO QUINCE

DOS DEPORTES POPULARES

Vocabulario

Para charlar _____

Para hablar de acciones recientes en el pretérito y el imperfecto

(no) conocer   querer   tener (que)
    poder   saber

Vocabulario general _____

Sustantivos

el(la) aficionado(a)
la agilidad
el(la) arquero(a) / el(la) portero(a)
el ataque
el básquetbol / el baloncesto
el campo de juego / la cancha
la competencia
la defensa
un éxito
el gol
la habilidad
el(la) jugador(a)
el partido
el récord
el talento
la velocidad

Otras palabras y expresiones

anotar goles / marcar goles
avanzar
tener miedo

PRIMERA ETAPA

A. **¡Leamos!** The following is a list of the places where the World Cup has been played and which country was the winner. Study the list, then answer in English the questions that follow.

año	sede	campeón
1930	Uruguay	Uruguay
1934	Italia	Italia
1938	Francia	Italia
1950	Brasil	Uruguay
1954	Suiza	Alemania
1958	Suecia	Brasil
1962	Chile	Brasil
1966	Inglaterra	Inglaterra
1970	México	Brasil
1974	Alemania	RFA
1978	Argentina	Argentina
1982	España	Italia
1986	México	Argentina
1990	Italia	Alemania
1994	Estados Unidos	Brasil

1. Which country has hosted the World Cup more than once?

   _____

2. Why do you think this particular country has hosted it more than once?

   _____

   _____

3. List the countries that have won the World Cup more than once.

   _____

   _____

4. How many times has the host country won the championship?

   _____

5. In what country was the World Cup held in 1994?

   _____

6. How many Spanish-speaking countries have won the World Cup? Name them.

_____

_____

B. Now read some interesting facts about the World Cup and match the Spanish sentence with the English equivalent.

1. El fútbol es el deporte más popular del mundo.

2. Más de 120 millones de personas lo juegan en nuestro planeta.

3. Los Estados Unidos fue a la Sede del Mundial por primera vez en 1994.

4. La fase final del Mundial se juega entre 24 equipos.

5. La final del Mundial '94 fue la retransmisión con más espectadores de todas las que se han televisado en el mundo.

6. Durante los años de la guerra, 1942 y 1946, no se celebraron Campeonatos del Mundo.

7. En los partidos de clasificación para la fase final del Mundial '94 tomaron parte 141 países.

8. El número de participantes de la fase final del Campeonato se aumentó de 16 a 24 equipos en 1970.

9. Argentina ha sido el último país anfitrión que ganó su propio Campeonato (1978).

10. La mayor multitud en un campo de fútbol: 203.849 personas en la final de Río de Janeiro, en Brasil.

_____ The final phase of the World Cup involves twenty-four teams.

_____ Soccer is the most popular sport in the world.

_____ Argentina is the last host country that won its own World Cup championship.

_____ During the war years the World Cup was not held.

_____ More than one hundred twenty million people play soccer.

C. Answer in English the following questions based on the reading.

1. How many people were in the stadium at the final game in Rio de Janeiro?

_____

2. Before 1970, how many teams participated in the final phase of the championship?

_____

Capítulo quince **Dos deportes populares**   267

3. How many countries took part in the elimination rounds of World Cup '94?

_____

4. Why do you think that the World Cup final game is the most watched sporting event in the world?

_____

_____

_____

Repaso

The imperfect and the preterite: Changes of meaning and translation

Some verbs have different meanings in the preterite and the imperfect.

querer

El profesor **quería** ayudarme.	The teacher _wanted_ to help me.
El profesor **quiso** ayudarme.	The teacher _tried_ to help me.

no querer

Yo **no quería** ir al museo.	I _didn't want_ to go to the museum.
No quise ir al museo.	I _refused_ to go to the museum.

poder

Lisa **podía** conducir el camión.	Lisa _was capable_ of driving the truck.
Lisa **pudo** conducir el camión.	Lisa _succeeded_ in driving the truck.

tener (que)

José **tenía** que ir al concierto.	José _had_ to go to the concert.
José **tuvo** que ir al concierto.	José _was compelled_ to go to the concert.

saber

Ellos **sabían** que yo venía.	They _were aware_ that I was coming.
Ellos **supieron** que yo venía.	They _found out_ that I was coming.

conocer

Yo la **conocía** cuando era joven.	I _knew_ her when I was young.
La **conocí** en el baile anoche.	I _met_ her at the dance last night.

D. **¿Qué quiere decir... ?** Read the short conversations between two friends on the next page. Based on the context, choose the more appropriate form of the verbs in parentheses.

1. —¿Qué te pasó en el centro anoche? ¿Te perdiste?

   —Sí, y cuando (supe / sabía) que estaba solo, volví en seguida.

2. —¿Por qué no me llamaste anoche?

   —(Quise / Quería) llamarte, pero mi hermano hablaba por teléfono toda la noche.

3. —¿Fue difícil poner la silla al otro extremo de la sala?

   —Pues, la silla era grande y muy pesada, pero sí, (pudimos / podíamos) levantarla y ponerla allá.

4. —¿Qué te parece el alumno ecuatoriano?

   —¡Qué simpático! Lo (conocí / conocía) anoche en la fiesta.

5. —¿No fueron al concierto?

   —No. (No quisieron / No querían). No les gusta la música.

6. —¿Escribiste la composición para la clase de inglés?

   —¡Claro que sí! (Tuve / tenía) que escribirla para hoy. Se la di a mi profesor esta mañana.

7. —Los Olivares viven cerca de ti, ¿verdad?

   —Sí. Yo no lo (supe / sabía) antes.

8. —Marta es una actriz famosa ahora, ¿verdad?

   —Sí. Y yo la (conocí / conocía) cuando íbamos a la escuela juntas.

9. —¿Por qué no fuiste al concierto anoche?

   —Pues, mis primos llegaron ayer y (quise / quería) visitarlos.

10. —¿Por qué no lo hizo Pablo?

    —No sé. Él (pudo / podía) hacerlo, pero decidió hacer otra cosa.

E. **Hacer el papel de intérprete** Ask some Argentine students for the following information about the complex plot of a movie in Spanish that you saw on television last night.

   1. what the police wanted to know

   _____

2. who knew where the treasure (**el tesoro**) was

_____

3. who succeeded in finishing the race (**la carrera**)

_____

4. when Raúl met Laura

_____

5. why they refused to go to the museum

_____

6. who tried to help Raúl

_____

7. if Laura knew the doctor _before_ she met Raúl

_____

8. who didn't want to talk to the police

_____

9. who was capable of driving (**conducir**) the car

_____

10. who found out who the killer (**asesino**) was

_____

F. **Paraguay y el Cono Sur** In Spanish, write two things that you have learned about each of the following countries. You can include such topics as political history, economy, population, language, and social programs.

1. Chile _____

_____

_____

_____

2. Paraguay _____

_____

_____

_____

3. Argentina _____

_____

_____

_____

4. Uruguay _____

_____

_____

_____

G. **¡Leamos!** Read the following description of the game of basketball. Then read each of the sentences that follow and write *C* if the statement is true (**cierto**) or *F* if the statement is false (**falso**).

El baloncesto originó en el año 1891, gracias a James Naismith, un profesor de la Universidad de YMCA, en Springfield, Massachusetts (EE. UU.). Preocupado por encontrar un juego que se pudiera desarrollar bajo techo (los inviernos en esa localidad son largos y duros), colgó en los balcones del gimnasio de la universidad dos cestas que se utilizaban para la recogida de melocotones. Con la elevación de estas primeras canastas, Naismith buscaba un juego que necesitara finura y agilidad, en contraposición a la rudeza asociada con el fútbol. El primer partido más o menos oficial del que se tienen noticias se disputó cinco años más tarde, en 1896, en Trenton (Nueva Jersey). La primera liga se formó dos años más tarde. Cien años después, el baloncesto ha conseguido convertirse en un deporte universal, con más de 42 millones de practicantes en todo el mundo.

_____ 1. The game of basketball originated in Spain.

_____ 2. The inventor's name was Naismith.

_____ 3. He wanted to develop an indoor sport because the summers were long and hot.

_____ 4. The original baskets had been used for picking apples.

_____ 5. The first recorded game took place 5 years after the invention of the game.

_____ 6. The first basketball league was founded in 1899.

_____ 7. The inventor of basketball wanted an indoor game that would be rough, just like football.

_____ 8. Basketball has remained a popular sport primarily in the United States.

H. Look at the pictures of the possible signals made by a basketball referee. Then match the Spanish with its English equivalent.

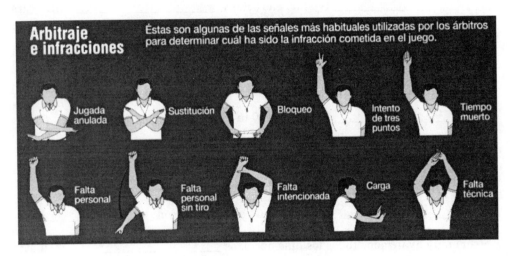

Arbitraje e infracciones — Éstas son algunas de las señales más habituales utilizadas por los árbitros para determinar cuál ha sido la infracción cometida en el juego.

Jugada anulada · Sustitución · Bloqueo · Intento de tres puntos · Tiempo muerto · Falta personal · Falta personal sin tiro · Falta intencionada · Carga · Falta técnica

_____ bloques   a. charge

_____ falta personal   b. technical foul

_____ carga   c. personal foul

_____ falta técnica   d. three-point shot

_____ intento de tres puntos   e. blocking penalty

I. **Unos recuerdos de mi viaje** Use the preterite or the imperfect of the verbs in parentheses to complete the following paragraphs.

La primera vez que yo _____ (ir) a Centoamérica, yo

_____ (tener) quince años. Yo _____ (pasar) un

mes en la casa de mis tíos Carlos y Josefina. Mis padres _____

(querer) que yo aprendiera el español. Carlos y Josefina me _____

(enseñar) muchas cosas. Nosotros _____ (visitar) los monumentos,

_____ (hacer) muchas excursiones en coche y yo

_____ (comer) varios platos muy ricos. Un día, Carlos

_____ (decidir) viajar a Guatemala. Nosotros

_____ (viajar) en coche y _____ (divertirse)

mucho.

Las ruinas antiguas _____ (ser) muy impresionantes. Yo no

_____ (comprender) la historia que el guía

_____ (contar), pero yo _____ (saber) que él

_____ (hablar) sobre los mayas. Después de escuchar la historia,

yo _____ (saber) que esa civilización _____

(ser) muy avanzada. Todos los días nosotros _____ (ir) a otros

sitios y yo nunca _____ (estar) aburrido. El último día mi tía

_____ (ponerse) enferma y nosotros _____

(tener) que cuidarla. El próximo día ella _____ (sentirse) mejor,

pero ella _____ (querer) volver a casa.

J. **Una encuesta** The editor of your school newspaper has asked you to interview one of the students in your Spanish class about his or her childhood. Before the interview, write down the questions you want to ask. Then interview the student and write down his or her answers to your questions. Be sure to distinguish between the preterite and the imperfect when you write your questions.

1. Question _____

   Answer _____

2. Question _____

   Answer _____

3. Question _____

   Answer _____

4. Question _____

   Answer _____

5. Question _____

    Answer _____

6. Question _____

    Answer _____

7. Question _____

    Answer _____

8. Question _____

    Answer _____

K. **Una historia personal** Write a letter to a friend, telling him or her about your life. Start from when you were very young. Be sure to distinguish between the preterite and the imperfect.

El Rey del Fútbol

A. Read the following article about Pelé, a world-famous soccer player. Then do the exercises that follow. (Useful vocabulary: **hazañas** = *feats,* **a pesar de** = *in spite of,* **ostentar** = **tener, lesiones** = *injuries.*)

PELE SIGUE SIENDO EL REY DEL FUTBOL

Antonio Moreno

ALLSPORT MEXICO

HAN pasado 24 largos años desde que Edson Arantes Do Nacimento "Pelé" jugó su último mundial. Sin embargo, sus hazañas en el fútbol fueron tantas que su fama lejos de disminuir a medida que el tiempo pasa más bien parece aumentar.

De aquel casi niño que a los 16 años jugó ante Succia la final de 1958 que dio a Brasil su primera copa Jules Rimet, hasta el hombre que se despidió de las canchas jugando para el Cosmos de Nueva York en 1975, hay una gran diferencia. Sin embargo, el tiempo parece haberse detenido para que Pelé, en esencia, siga prácticamente siendo el mismo, aun a pesar de sus 53 años.

En el último mundial de Estados Unidos 94 Pelé no sólo fue uno de los exjugadores más asediados por los periodistas y aficionados. Ahora el brasileño más popular del mundo se dio tiempo todas las noches para realizar su propio programa de televisión en el que diariamente tuvo como invitados a verdaderos personajes del fútbol internacional.

Y así una emisión fue dedicada a Antonio "La tota" Carbajal nuestro compatriota que ostenta el récord de ser el único jugador del mundo con cinco campeonatos de fútbol en su haber.

En el encuentro histórico para quienes seguimos el fútbol y reconocemos la leyenda que ambos representan se habló de todo con las siguientes conclusiones:

Para Pelé el mundial de 1994 superó en calidad al de Italia 90.

Para Carbajal los porteros de hoy no son mejores a los antiguos.

Para Pelé los *cracks* de la cancha tienen ahora más dificultades.

Para Carbajal los sistemas han cambiado y ahora son menos espectaculares.

Para Pelé la Selección Mexicana fue una grata sorpresa.

Para Carbajal se pudo avanzar más si Mejía Barón realiza cambios.

Para Pelé la longevidad futbolística se ha reducido por las lesiones.

Para Carbajal sólo comenzando hoy a los 16 años se puede aspirar a cinco copas.

Para Pelé él no ha sido el futbolista más grande del mundo.

Para Carbajal Pelé sí ha sido el más grande.

Para mí, fue un privilegio convivir por unas horas con las dos leyendas más importantes en la historia de los campeonatos mundiales de fútbol.

El hombre con más participaciones, y el único con tres títulos como jugador.

Pelé y Carbajal seguramente se volverán a encontrar en París 1998.

1. **Verbos** There are at least eight verbs in the reading in the *preterite* tense. Find them, then write the infinitive form of each.

   Verb   **Infinitive**

   _____   _____

   _____   _____

   _____   _____

   _____   _____

   _____   _____

   _____   _____

   _____   _____

   _____   _____

2. Based on the context and words you already know, what do you think the following words mean?

   a. fama   _____

   b. disminuir   _____

   c. aumentar   _____

   d. diferencia   _____

   e. exjugadores   _____

   f. emisión   _____

   g. compatriota   _____

   h. leyendas   _____

   i. calidad   _____

   j. sorpresa   _____

   k. longevidad   _____

   l. convivir   _____

3. Answer the following questions in English.

a. What nationality is Pelé?

_____

b. At the time the article was written, how long had it been since Pelé played his last World Cup game?

_____

c. What U.S. team did Pelé play for?

_____

d. In what year did he leave this team?

_____

e. What did Pelé do during the 1994 World Cup that allowed him to interview many soccer players?

_____

_____

B. The author of the article mentions one interview in particular, with Antonio Carbajal. Tell which person, Pelé or Carbajal, made the following comments. Write **P** for Pelé or **C** for Carbajal.

_____ 1. The 1994 World Cup (in the U.S.A.) was better than the 1990 World Cup in Italy.

_____ 2. In order to win the World Cup at least five times, you would have to begin by age sixteen.

_____ 3. The World Cup games are less exciting than they used to be.

_____ 4. Goalkeepers are not better today than in years past.

_____ 5. The other man is the best soccer player the world has ever seen.

C. If you could participate in this interview and ask Pelé or Carbajal any questions, what would you like to know? Write the questions in Spanish!

_____

_____

_____

_____

_____

_____

_____

_____

_____

D. Now write a paragraph about a sport in which you have participated, describing one particular match or game. Write it in the past tense, being sure to distinguish between the preterite and the imperfect.

_____

_____

_____

_____

_____

_____

_____

_____

_____